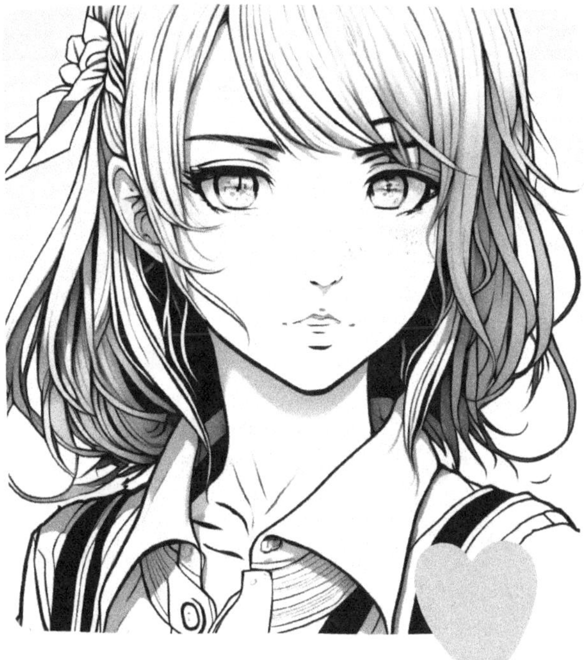

塗り絵 OSAKA NIGHTS

CAPI CAMP ESTUDIOS

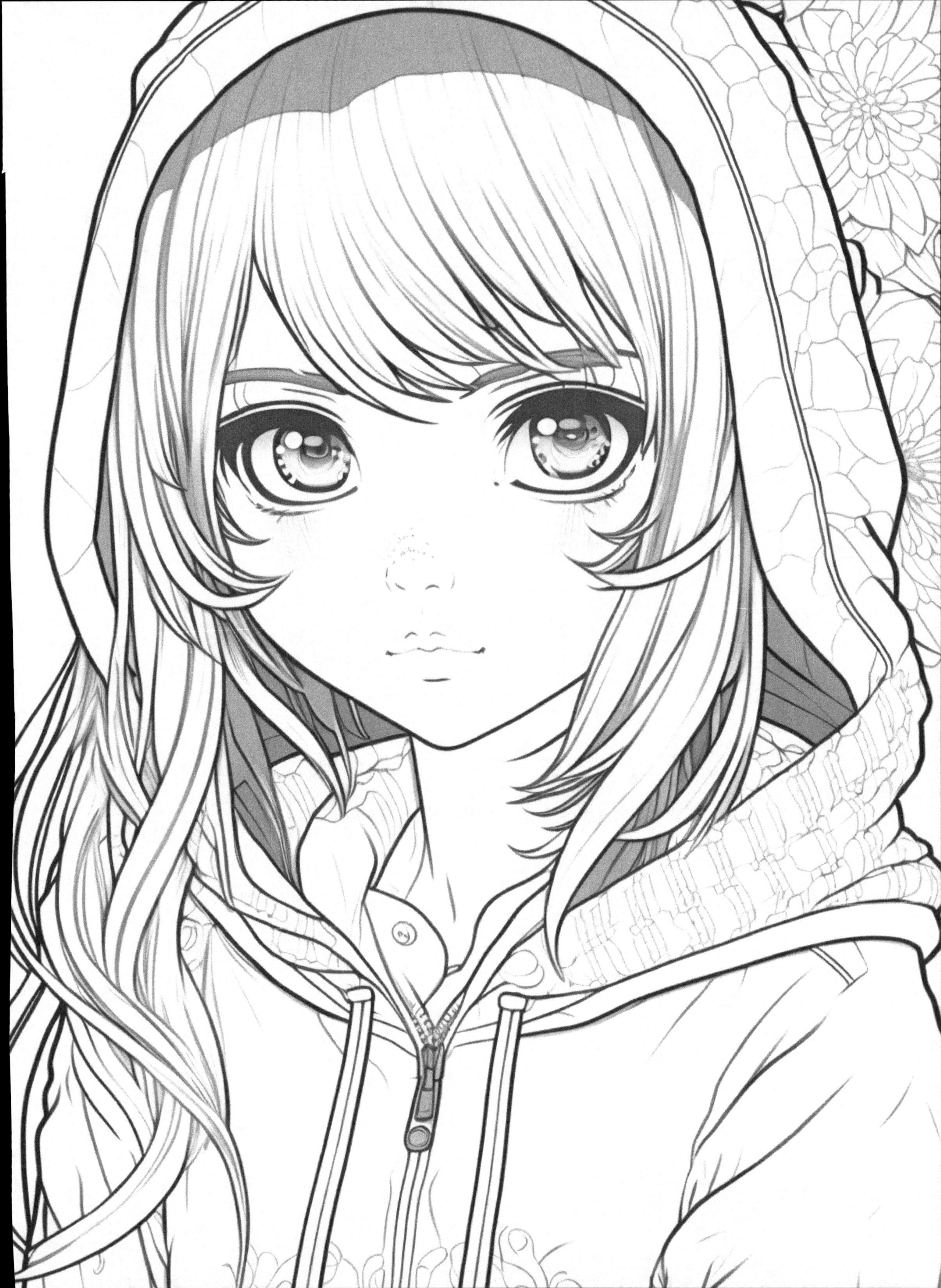

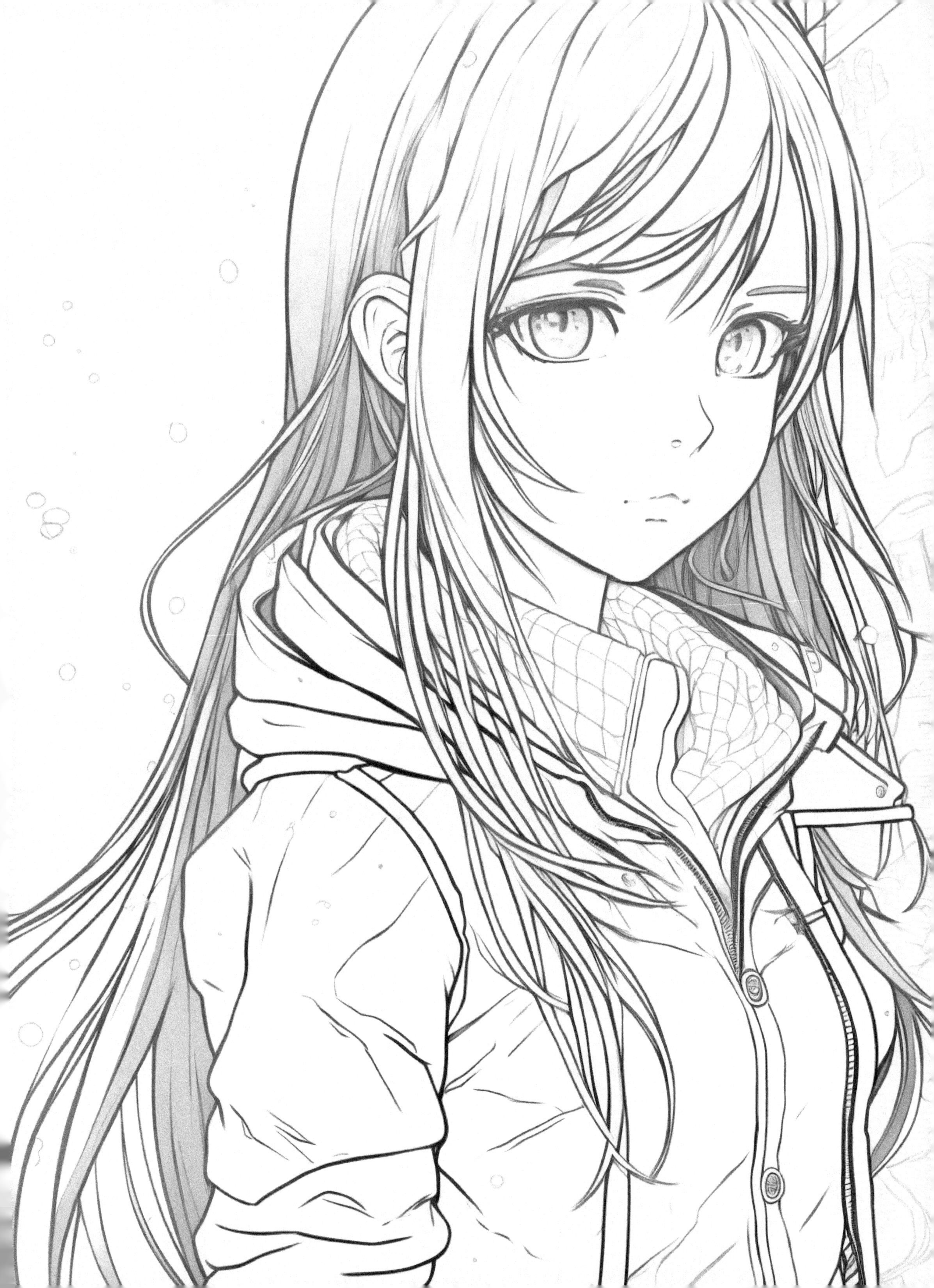

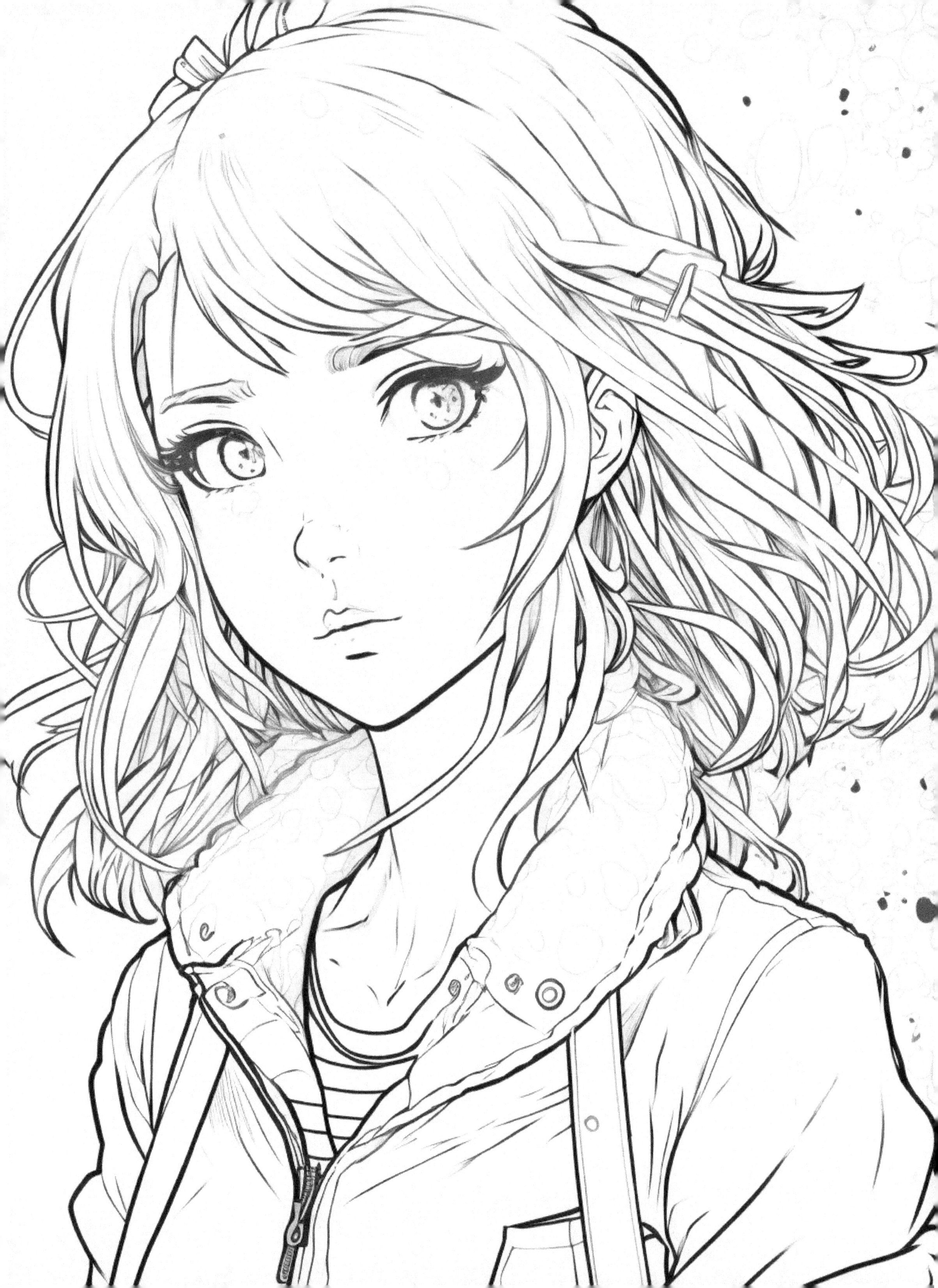

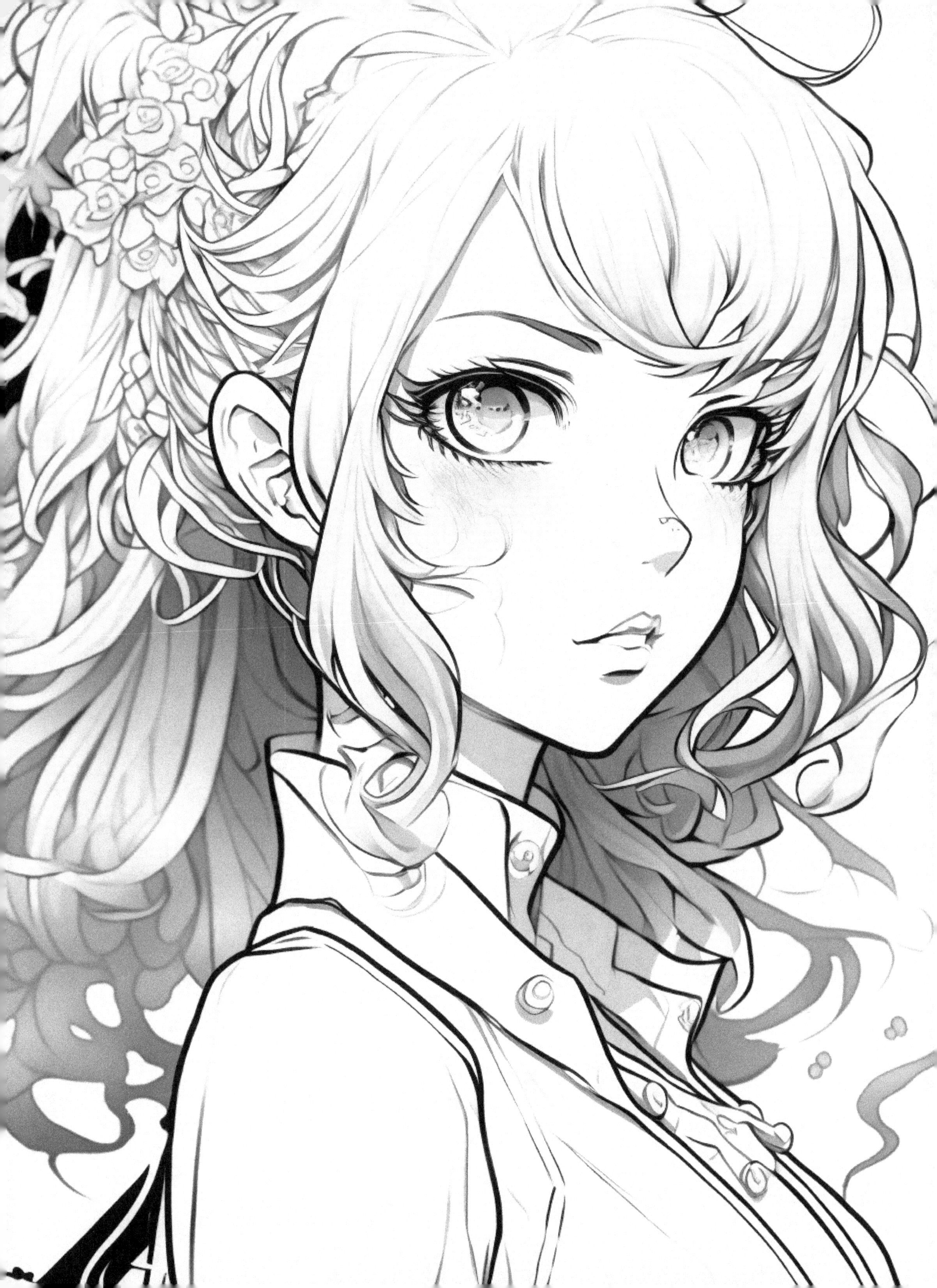

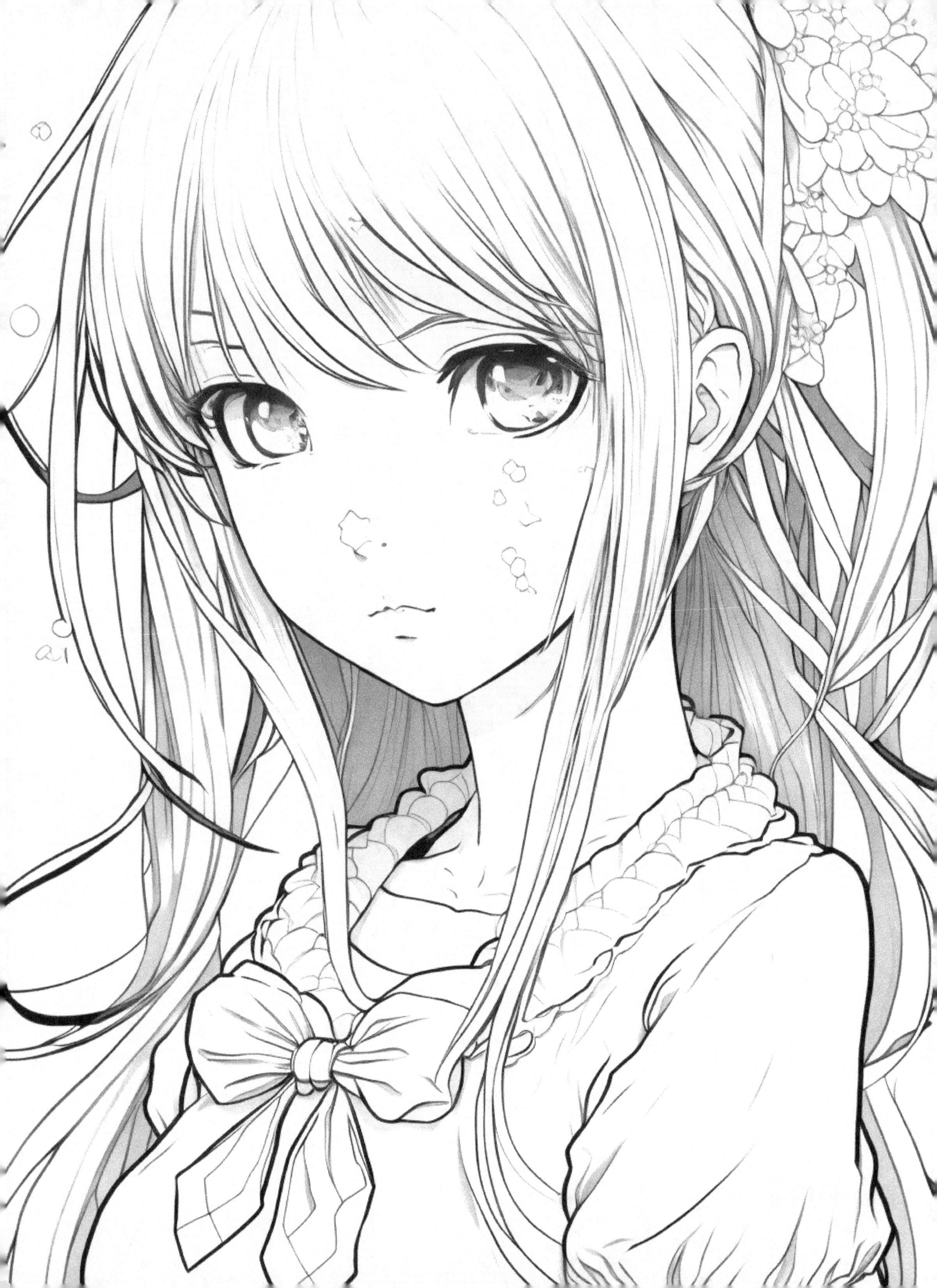

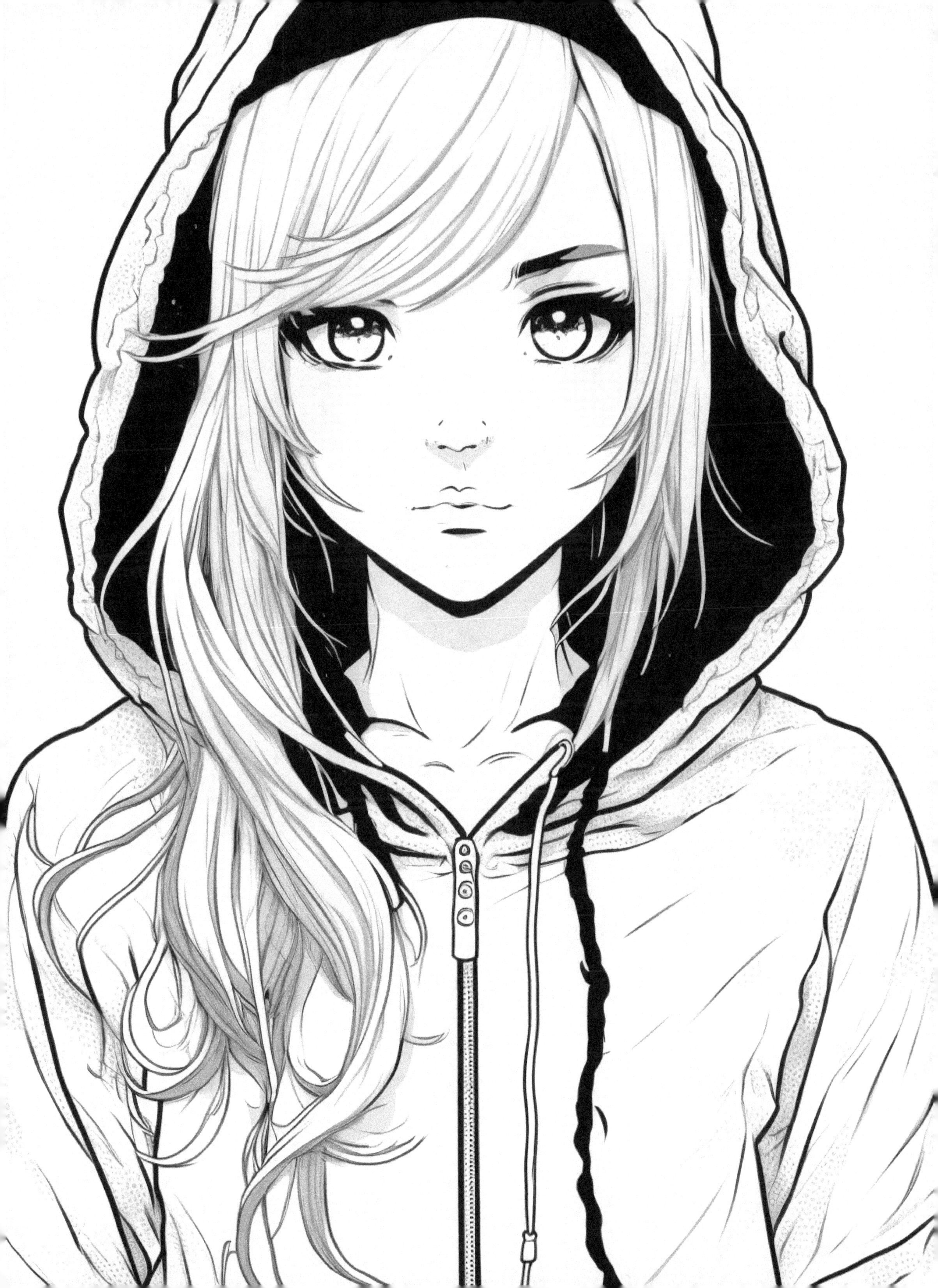

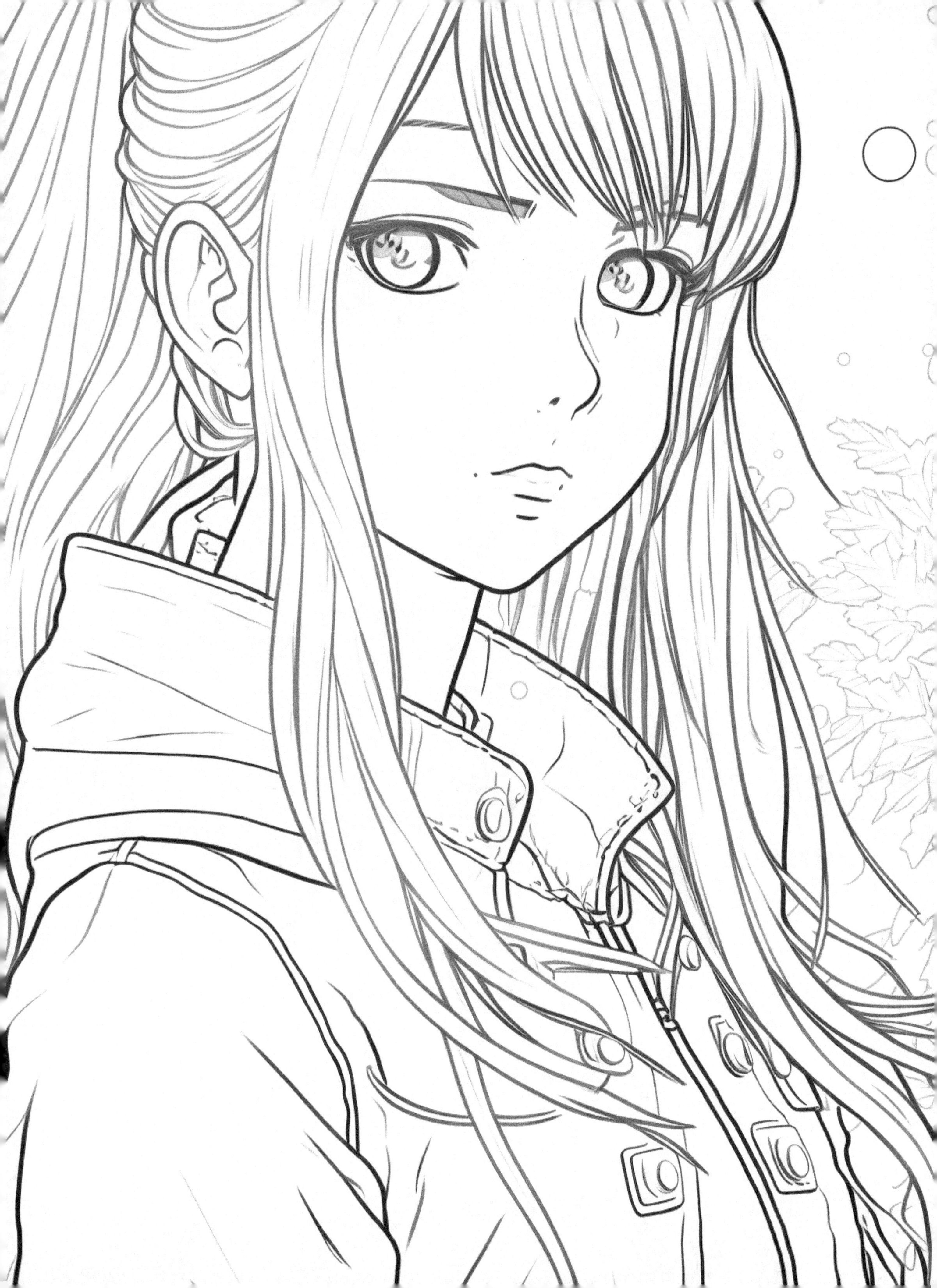

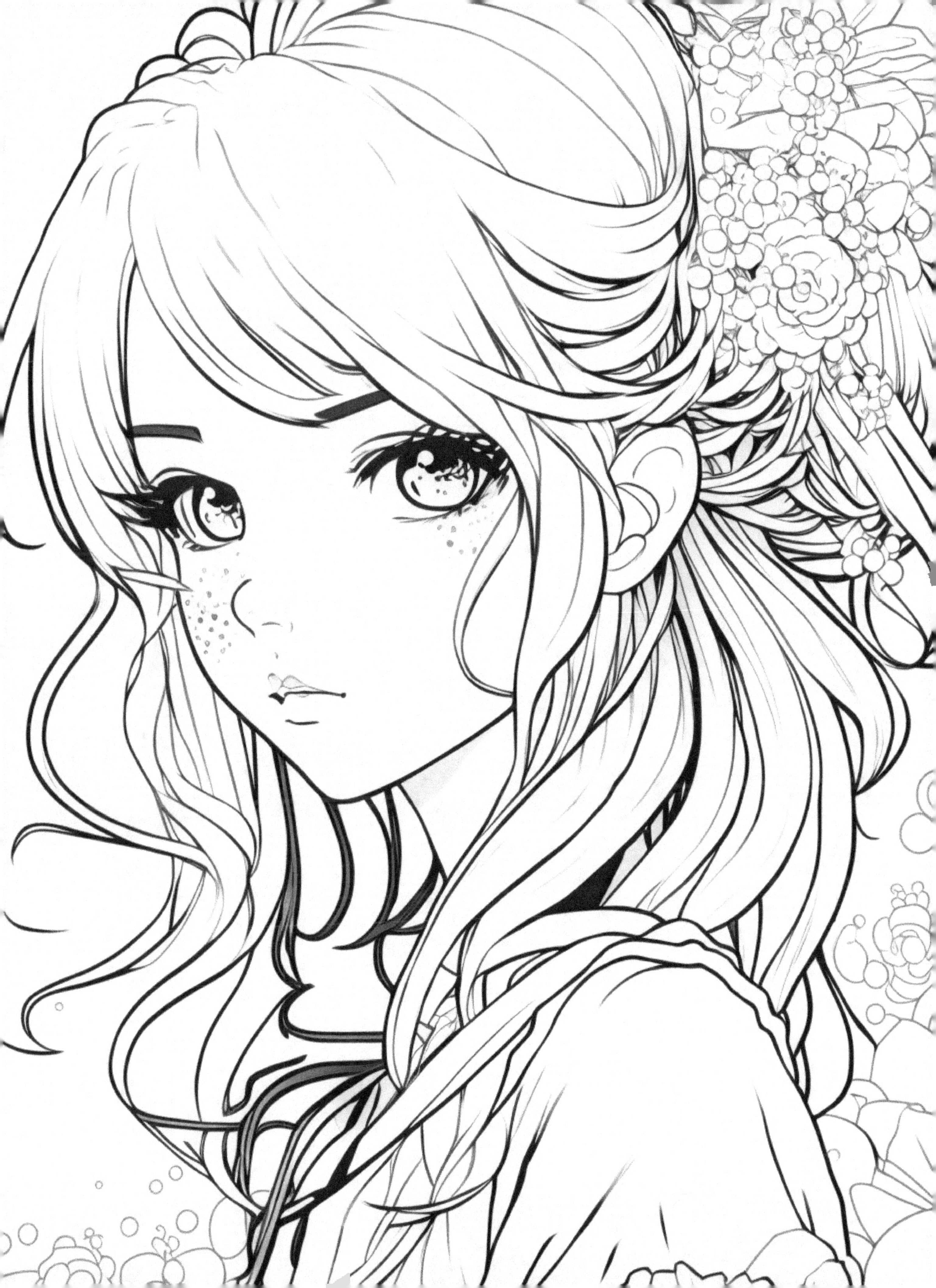

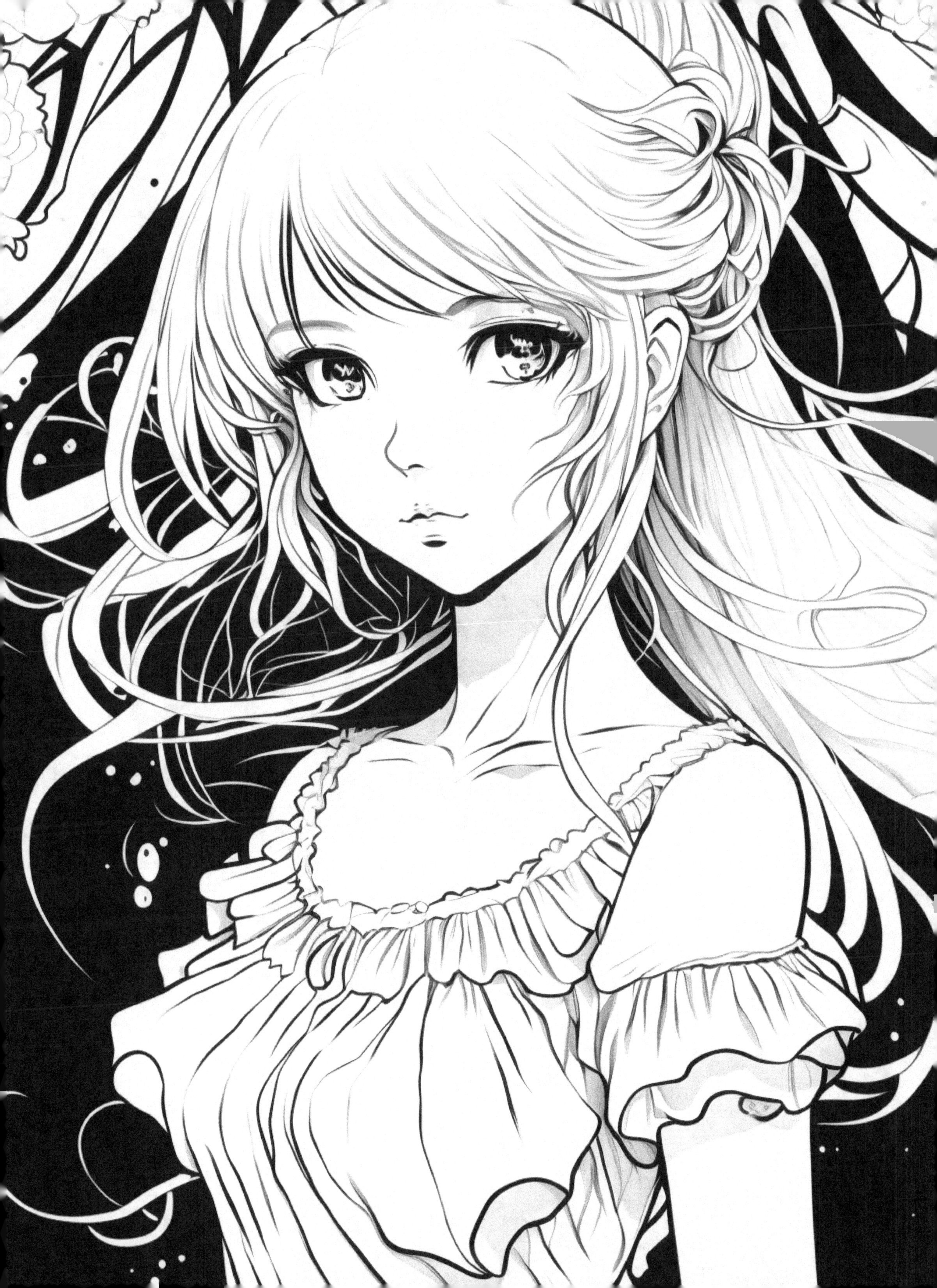

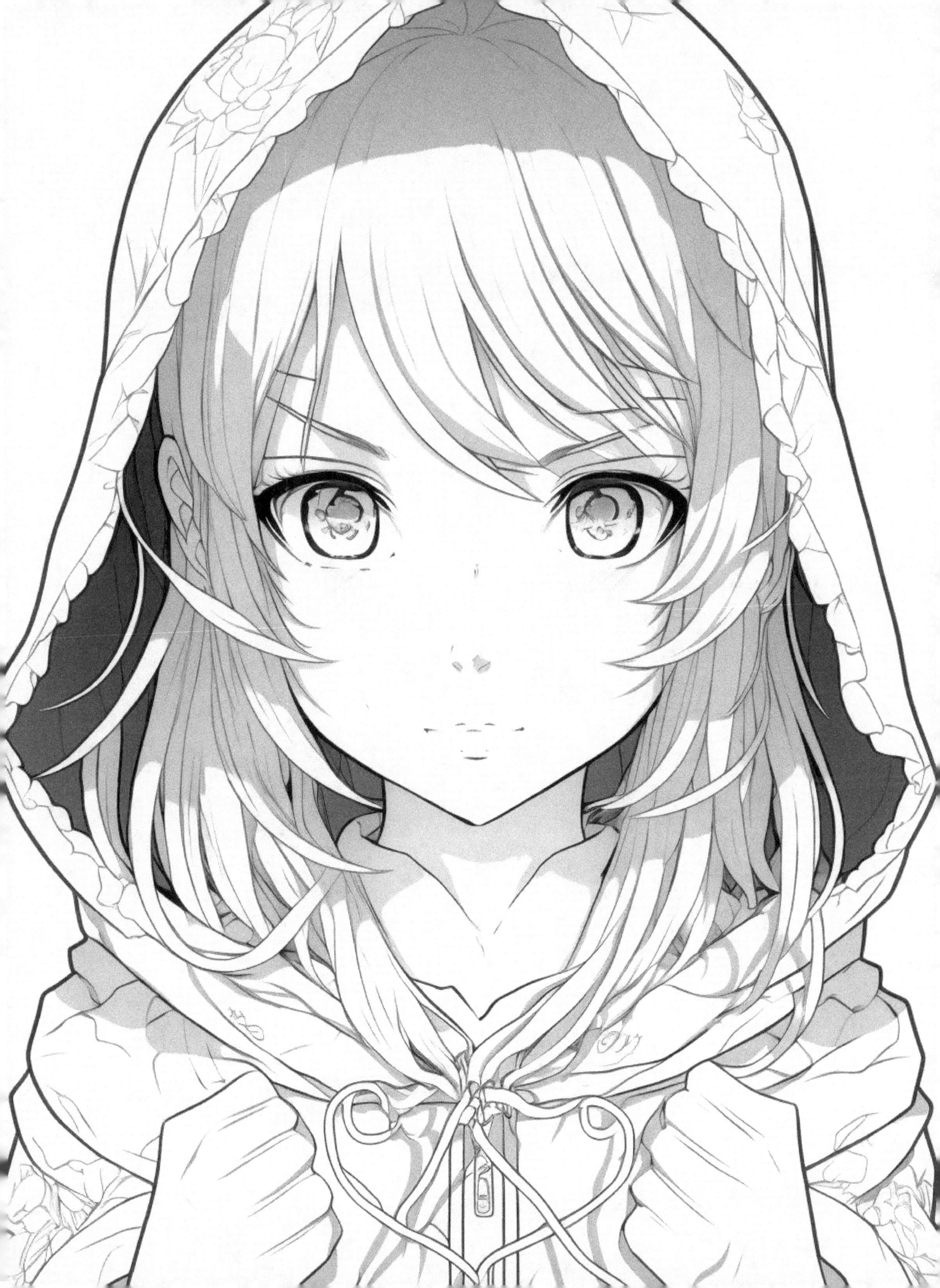

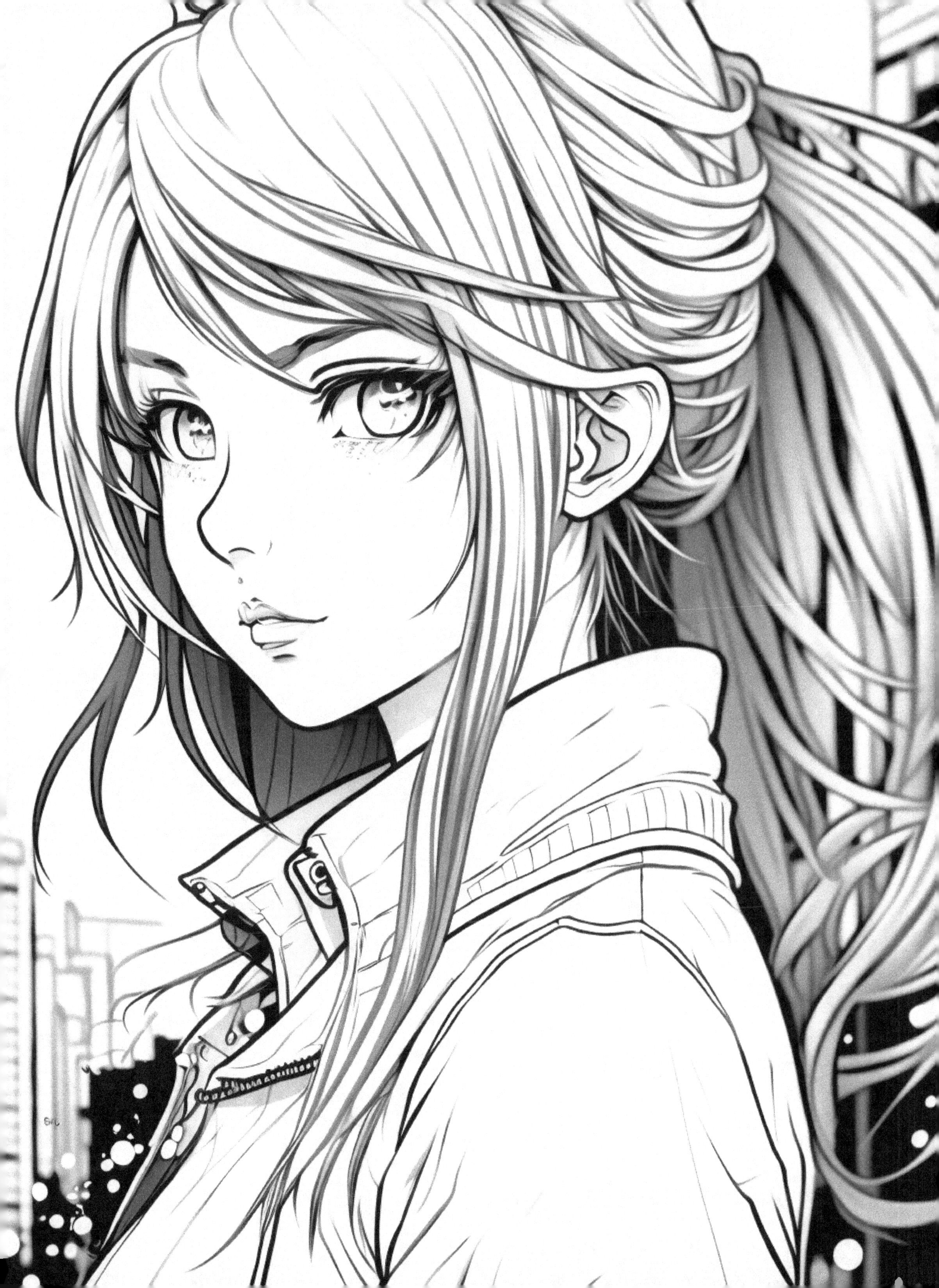

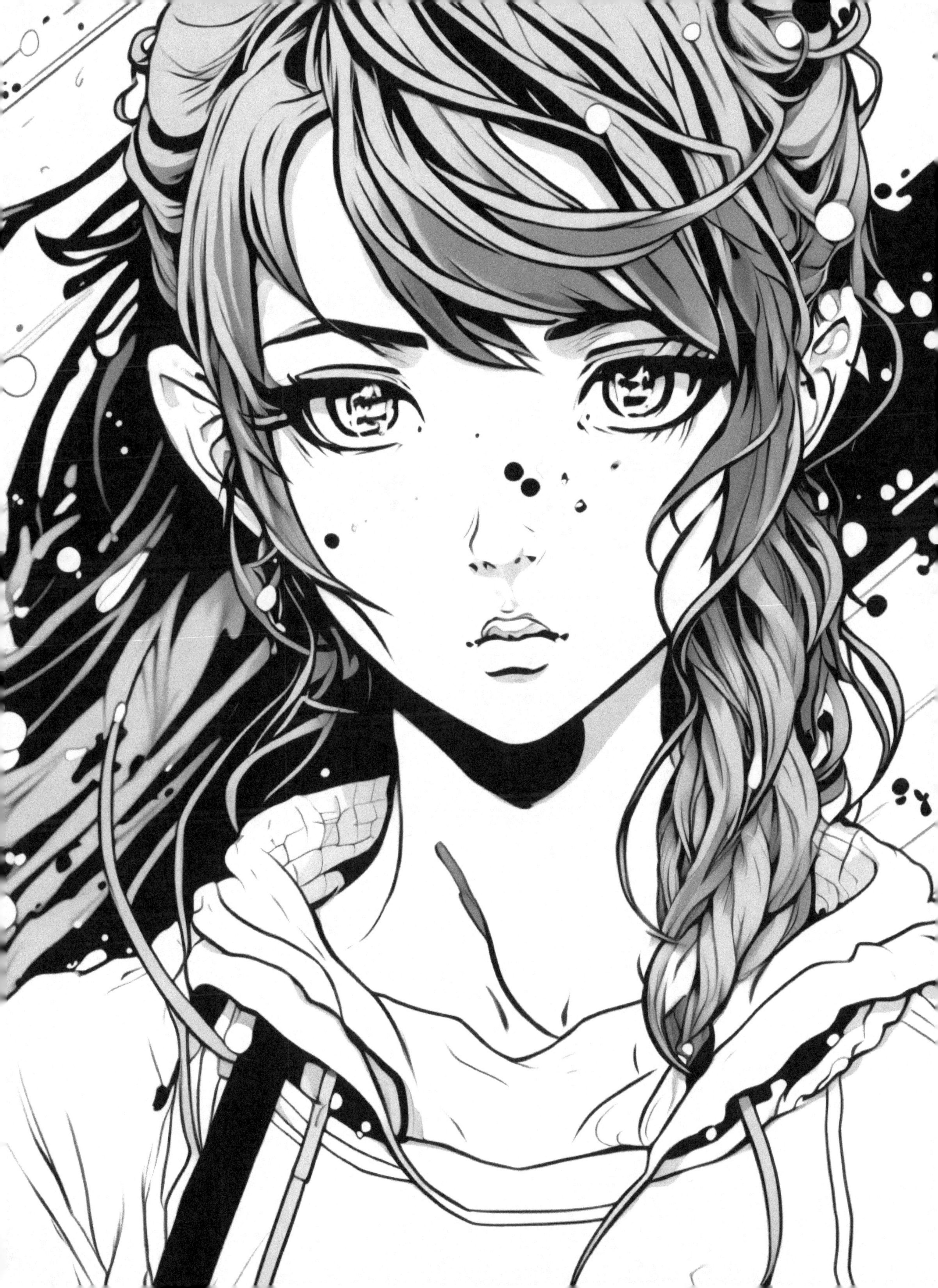

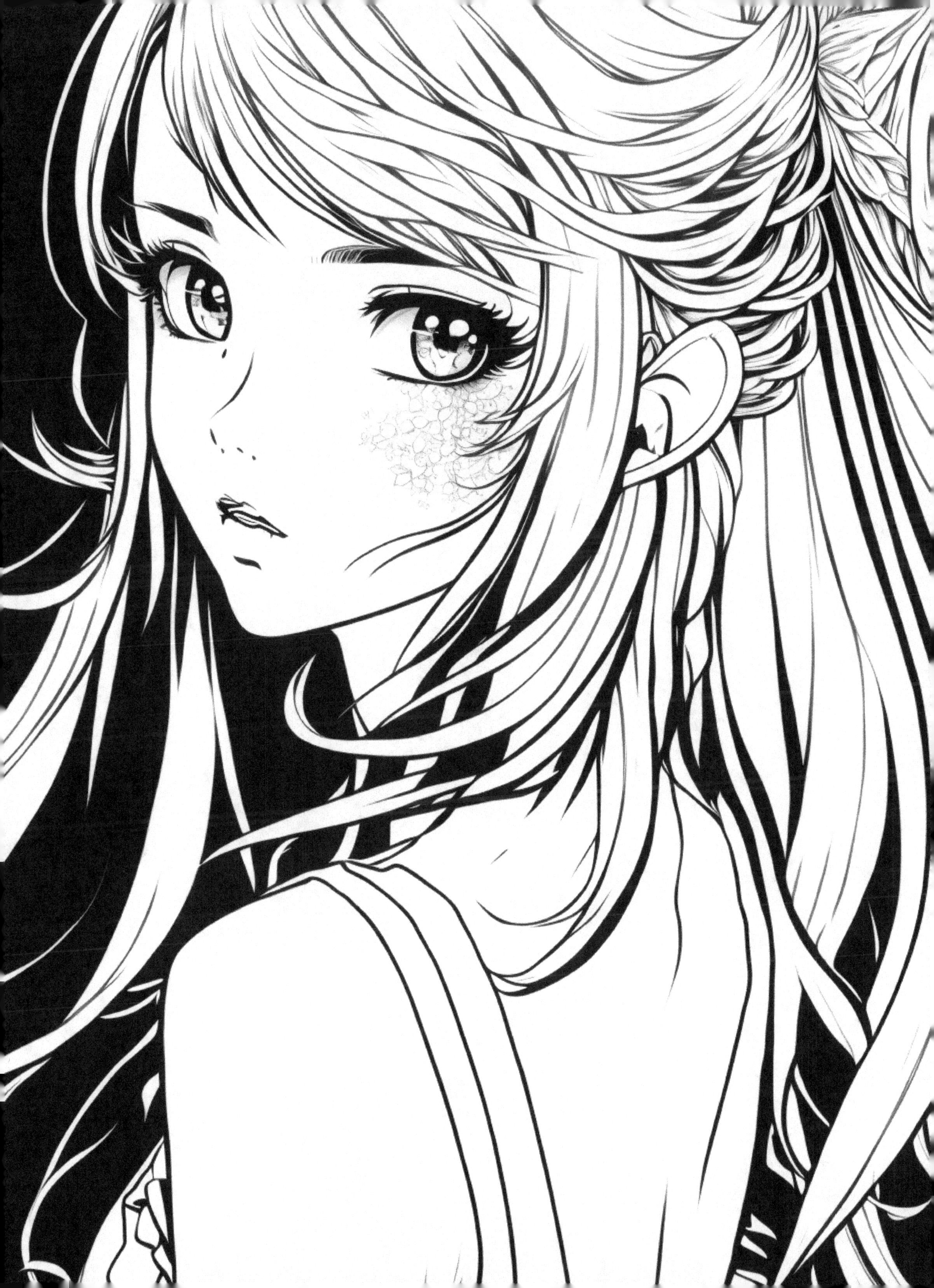

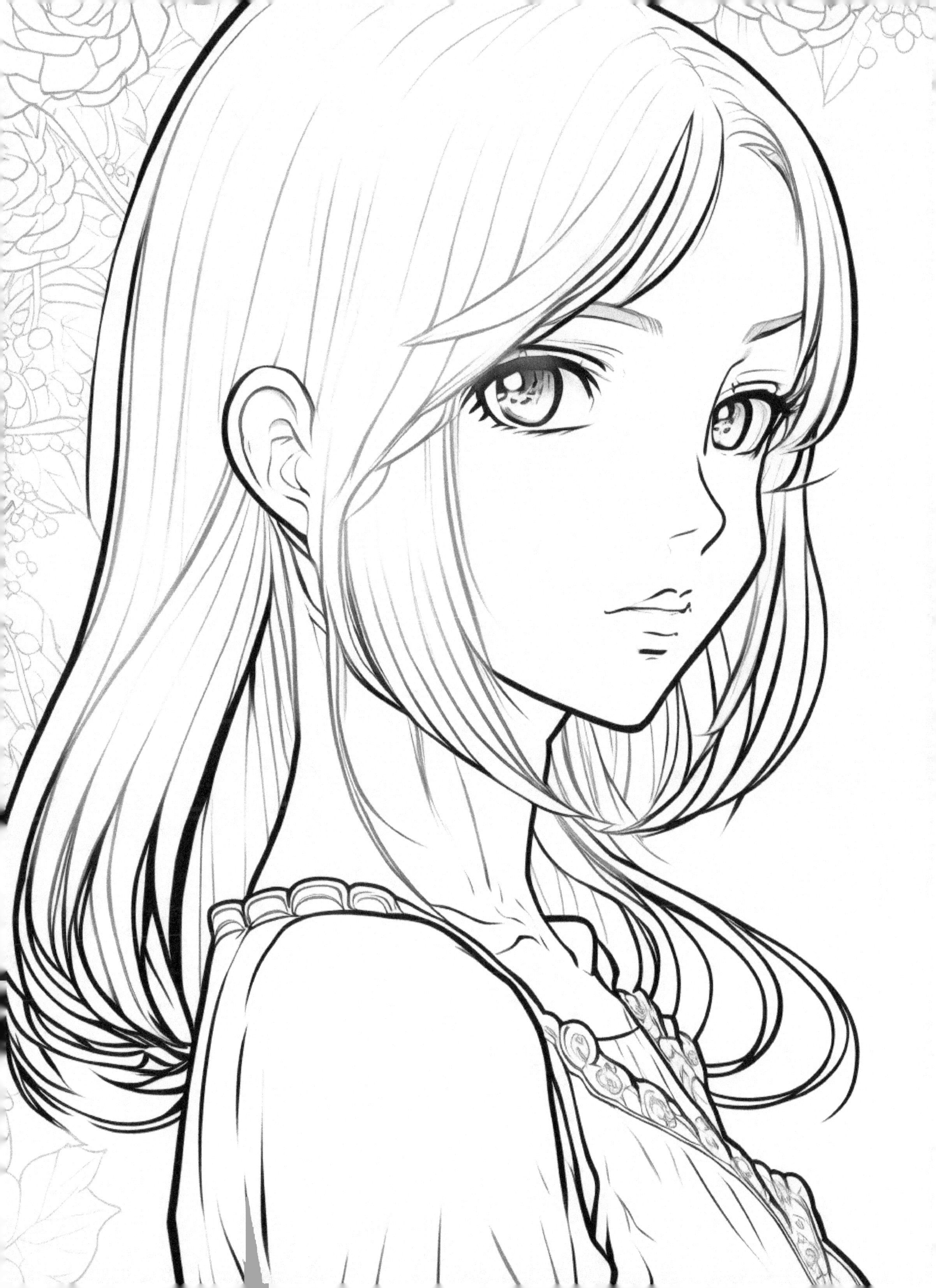

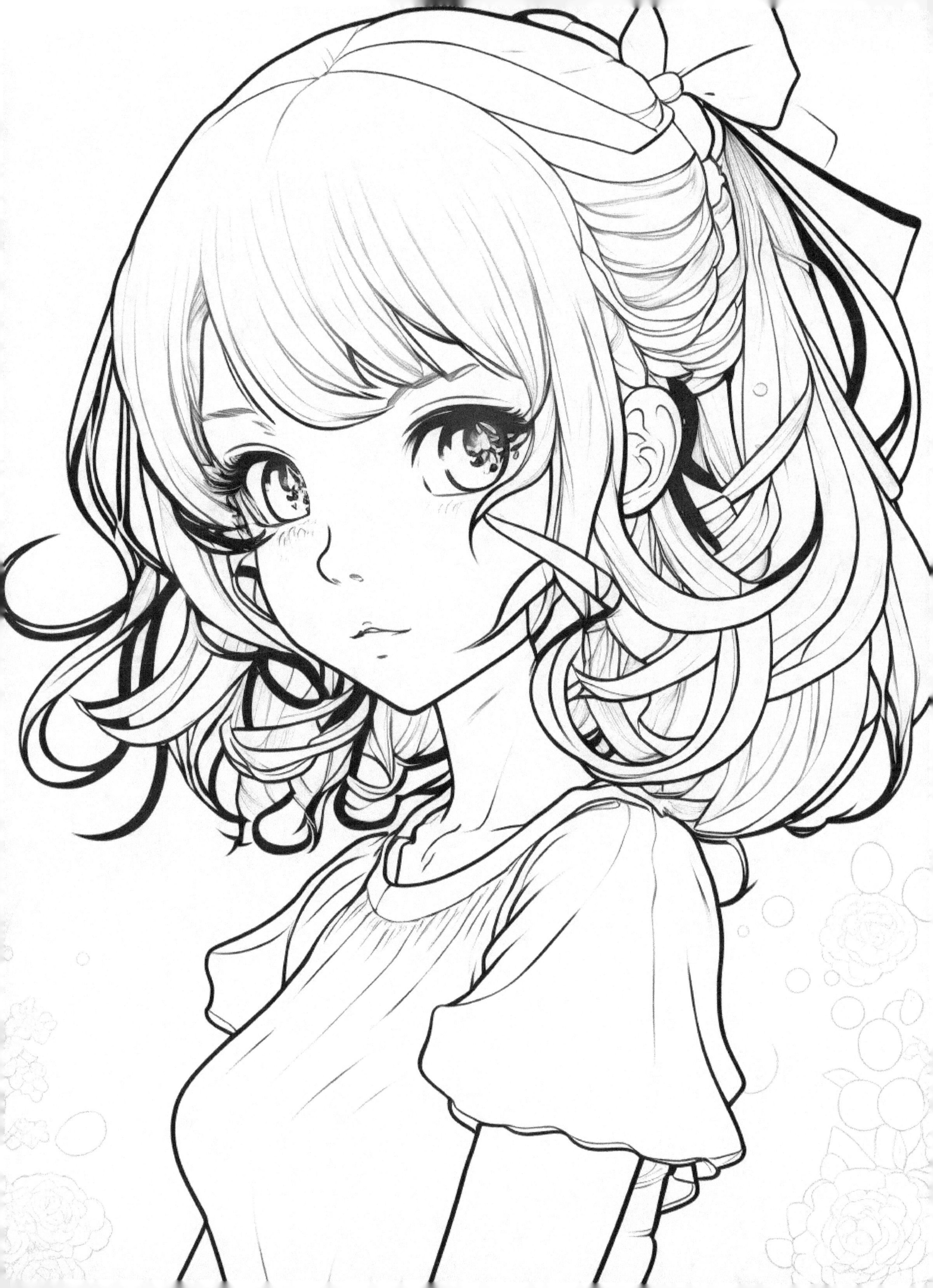

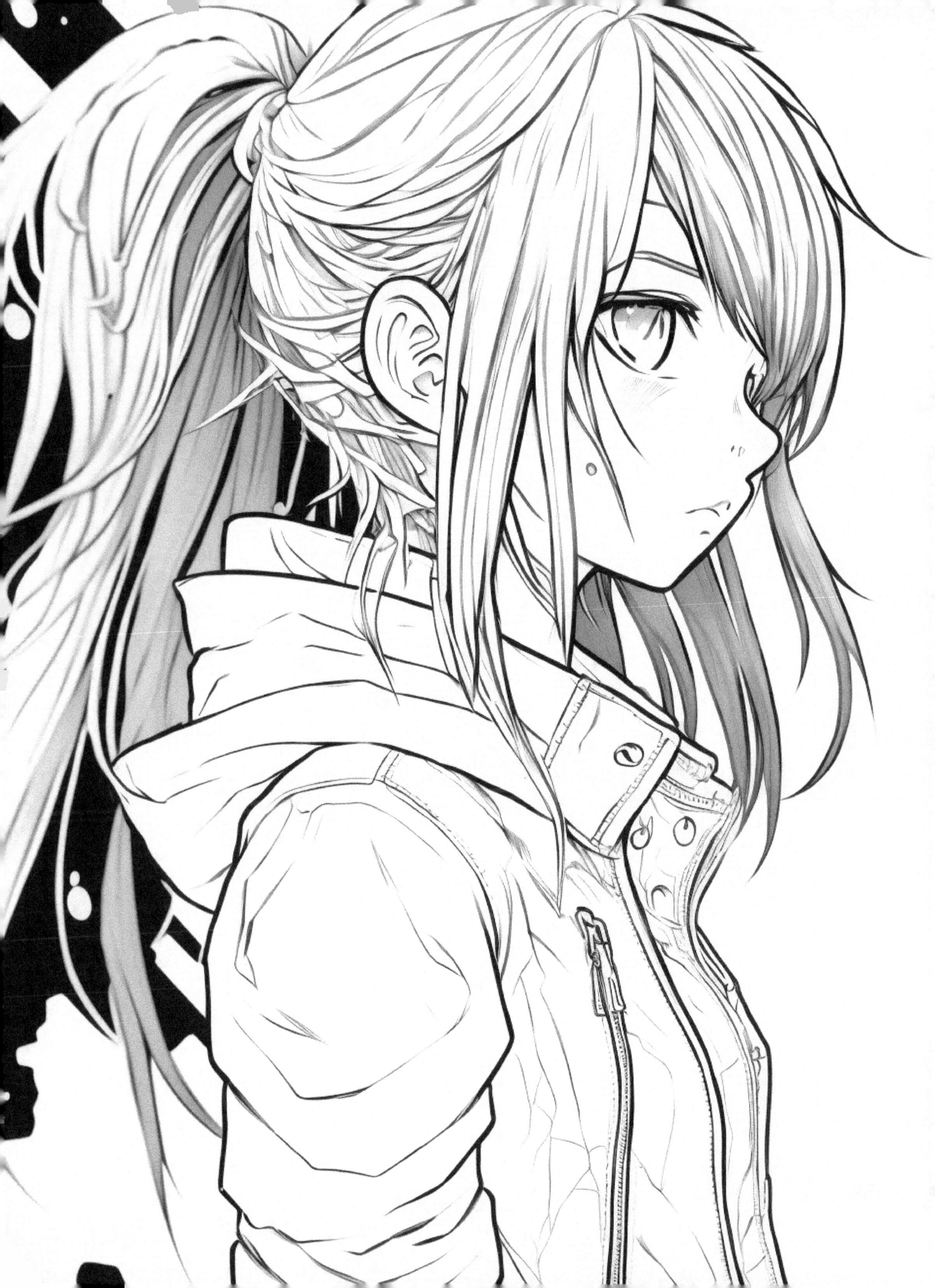

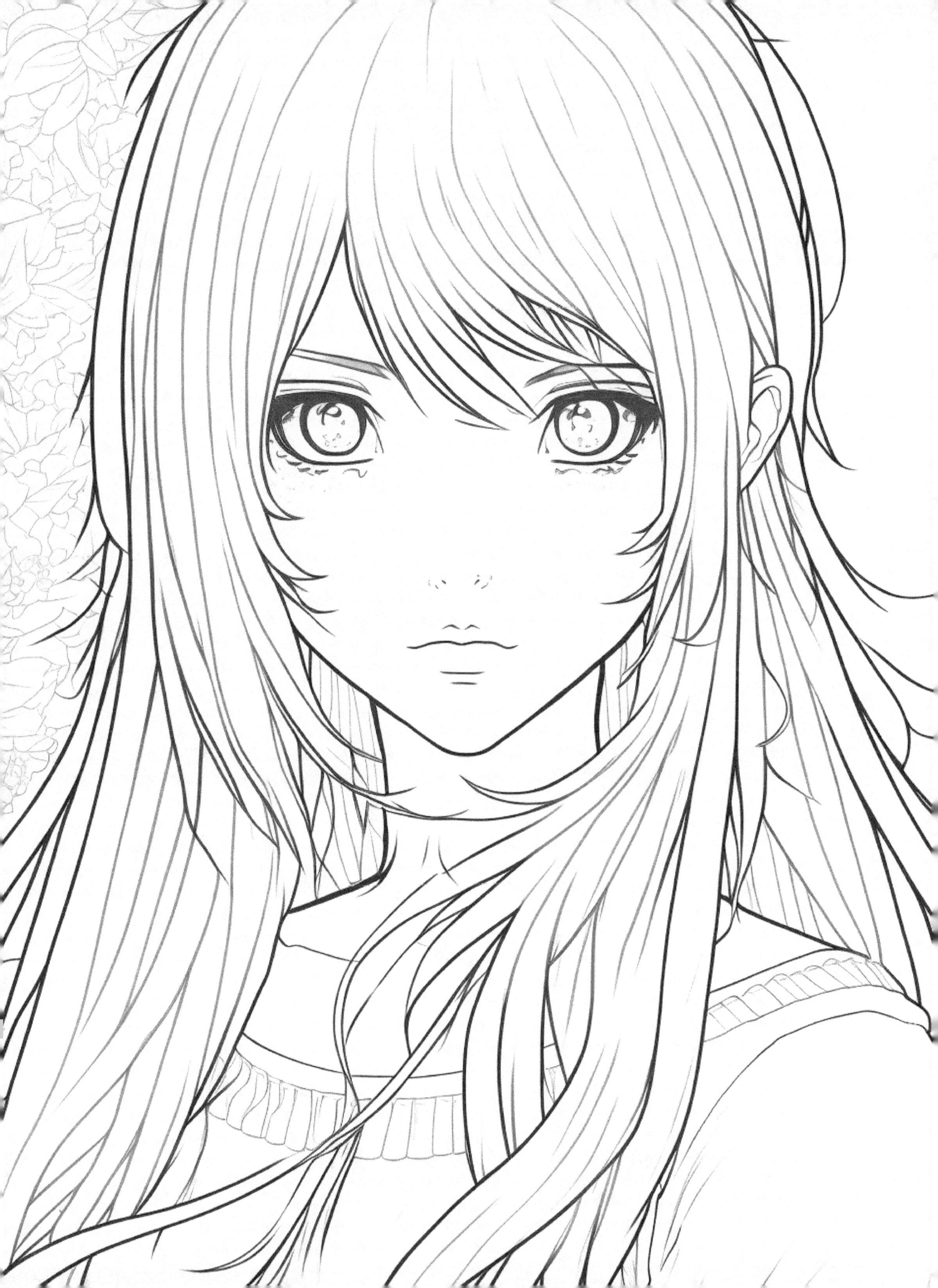

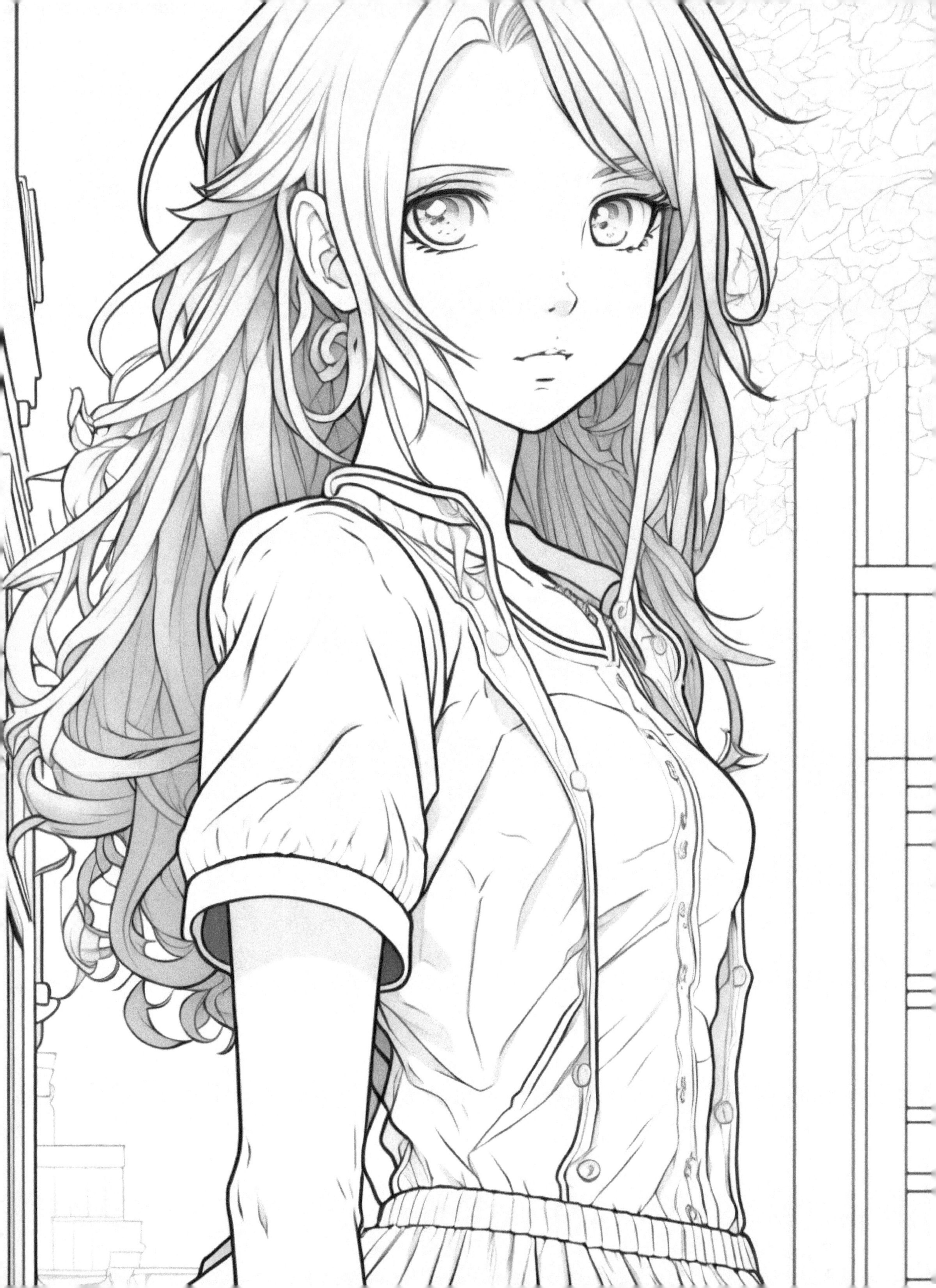

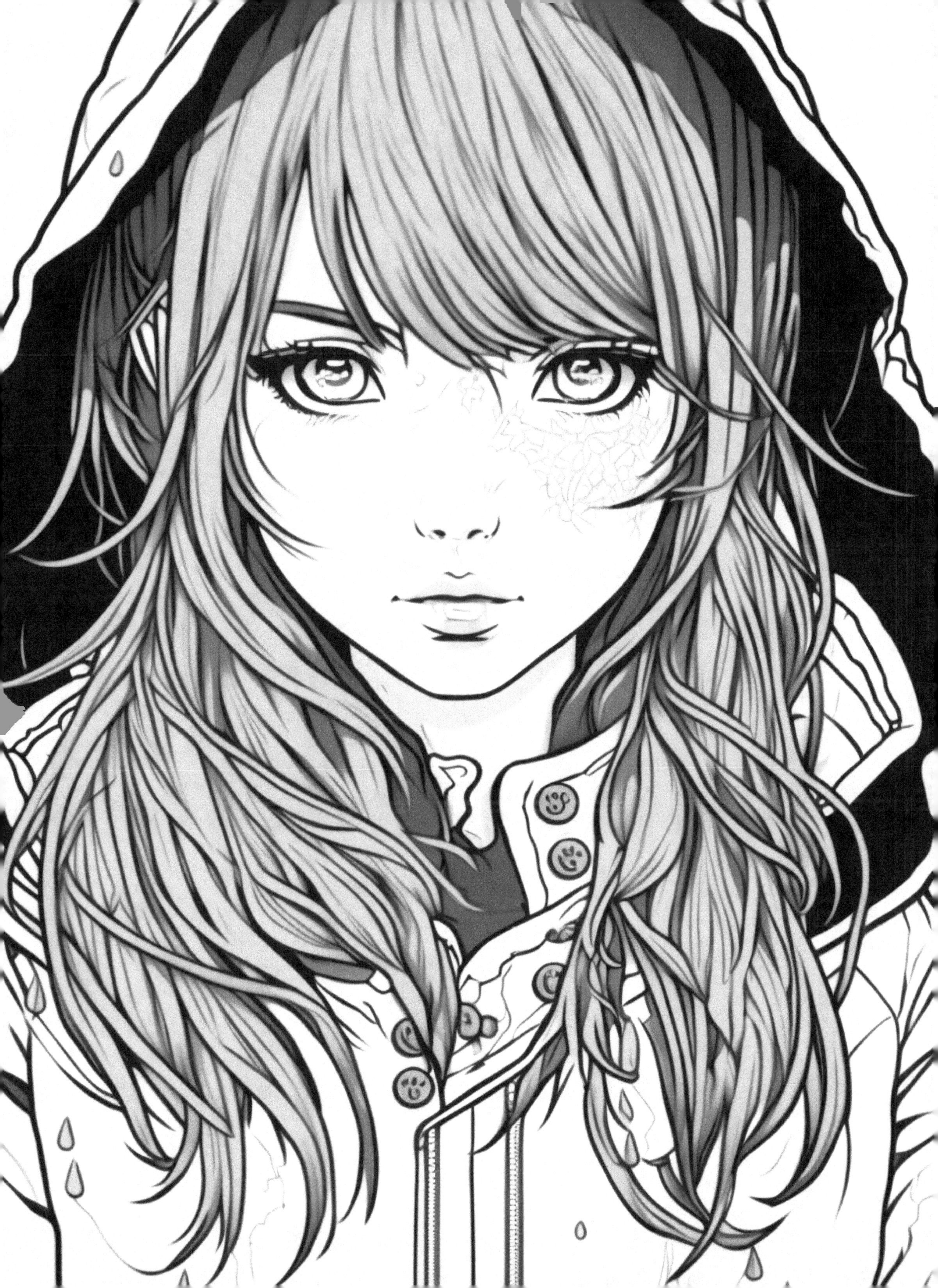

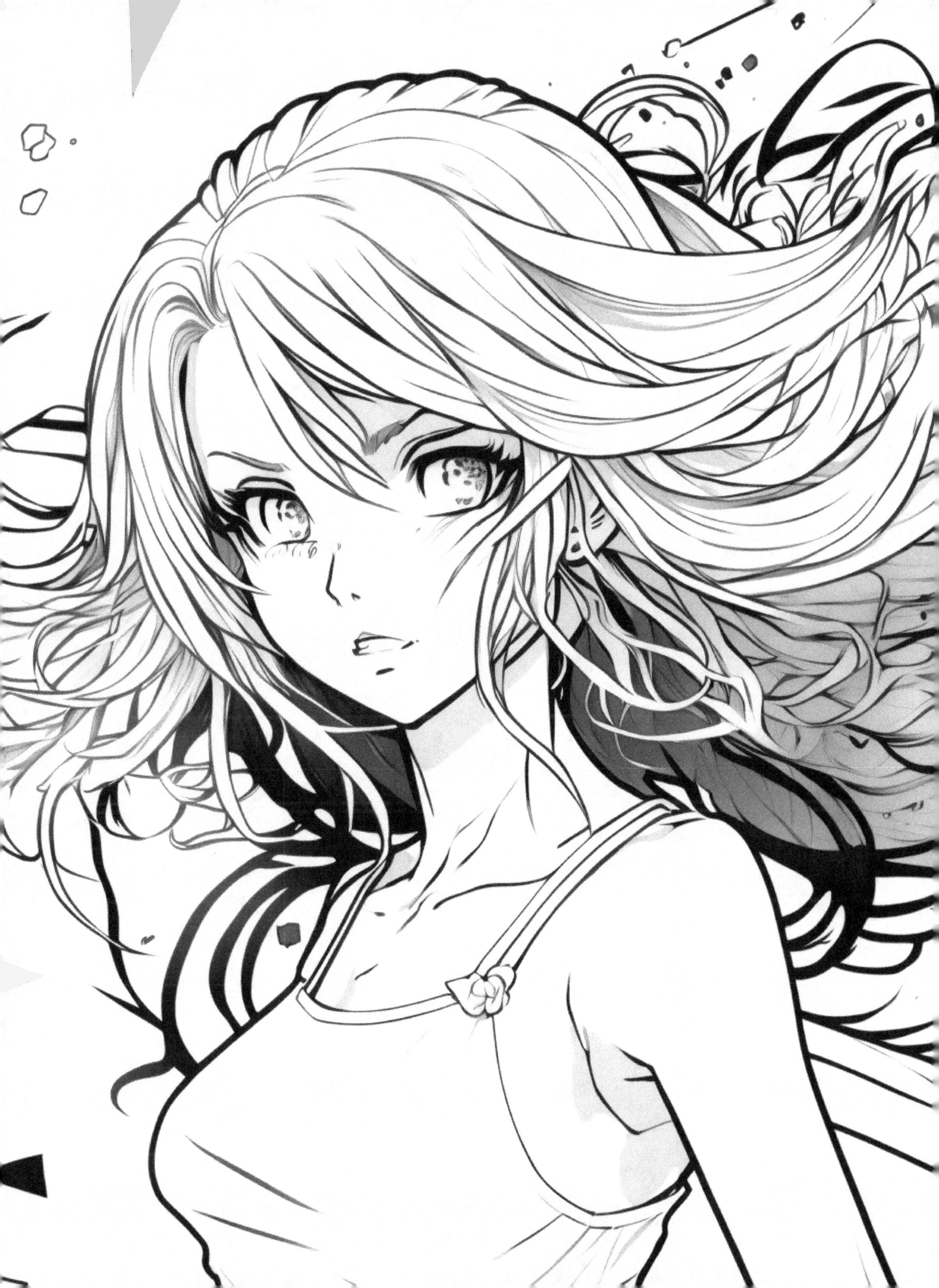

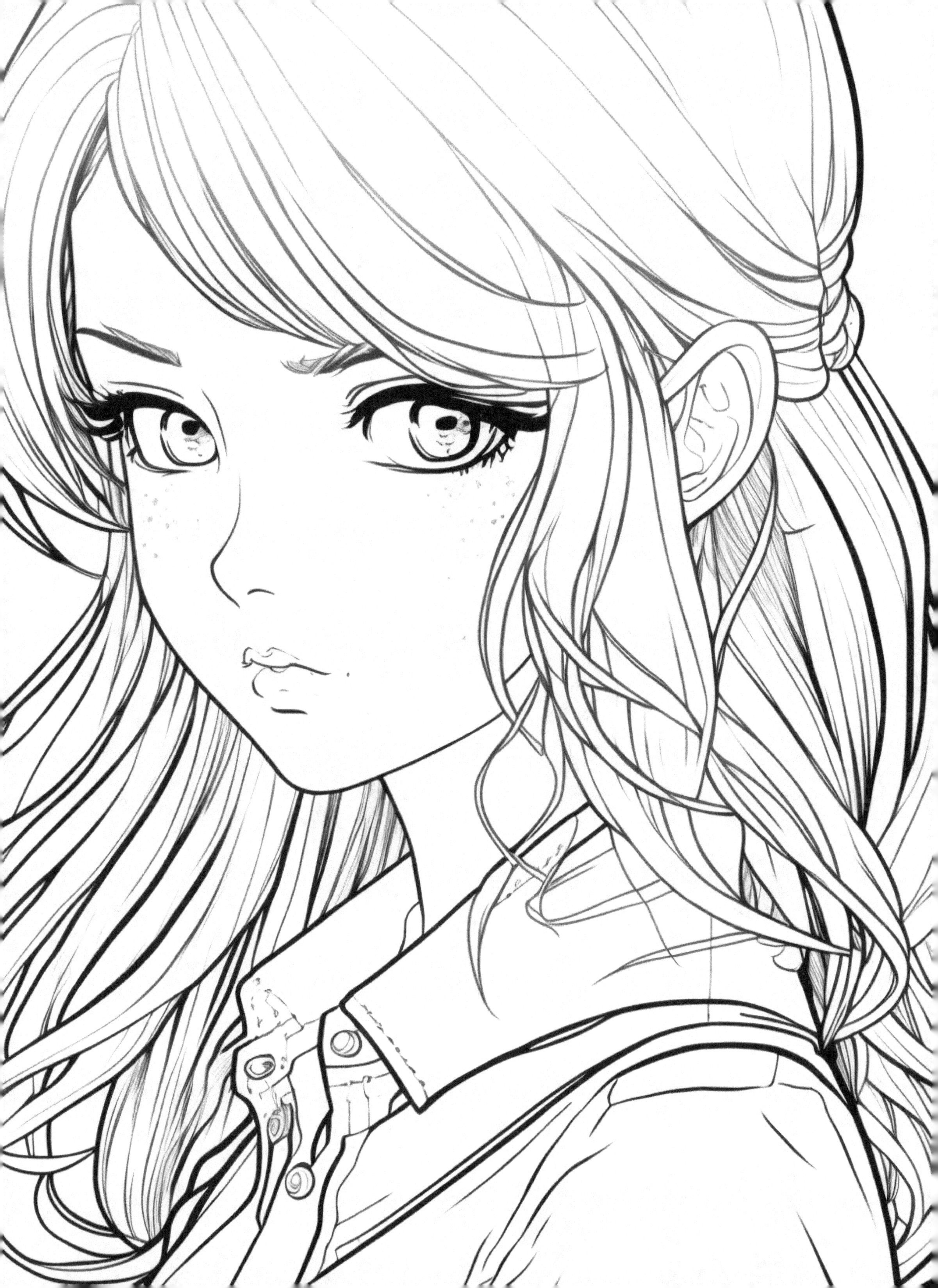

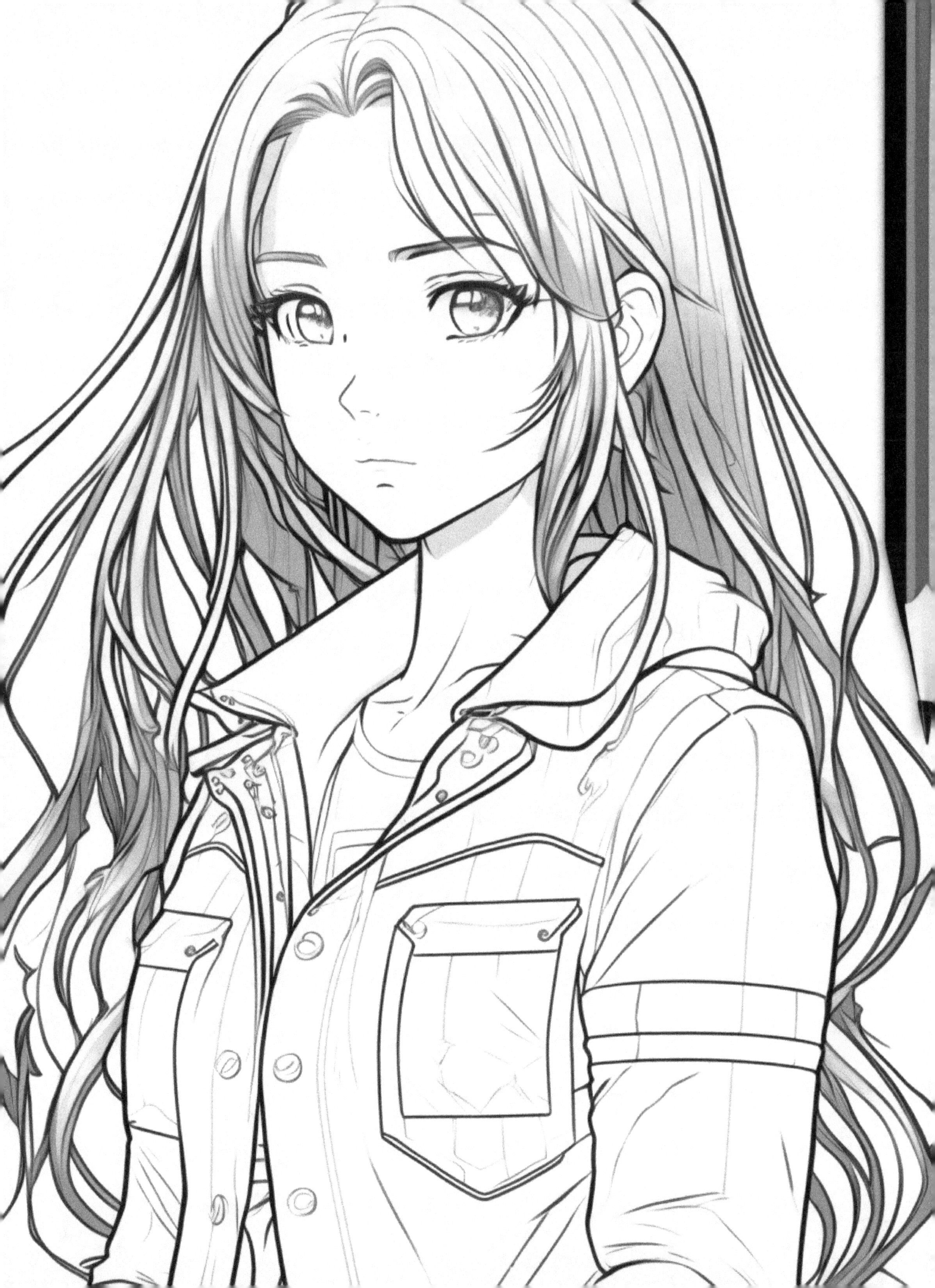

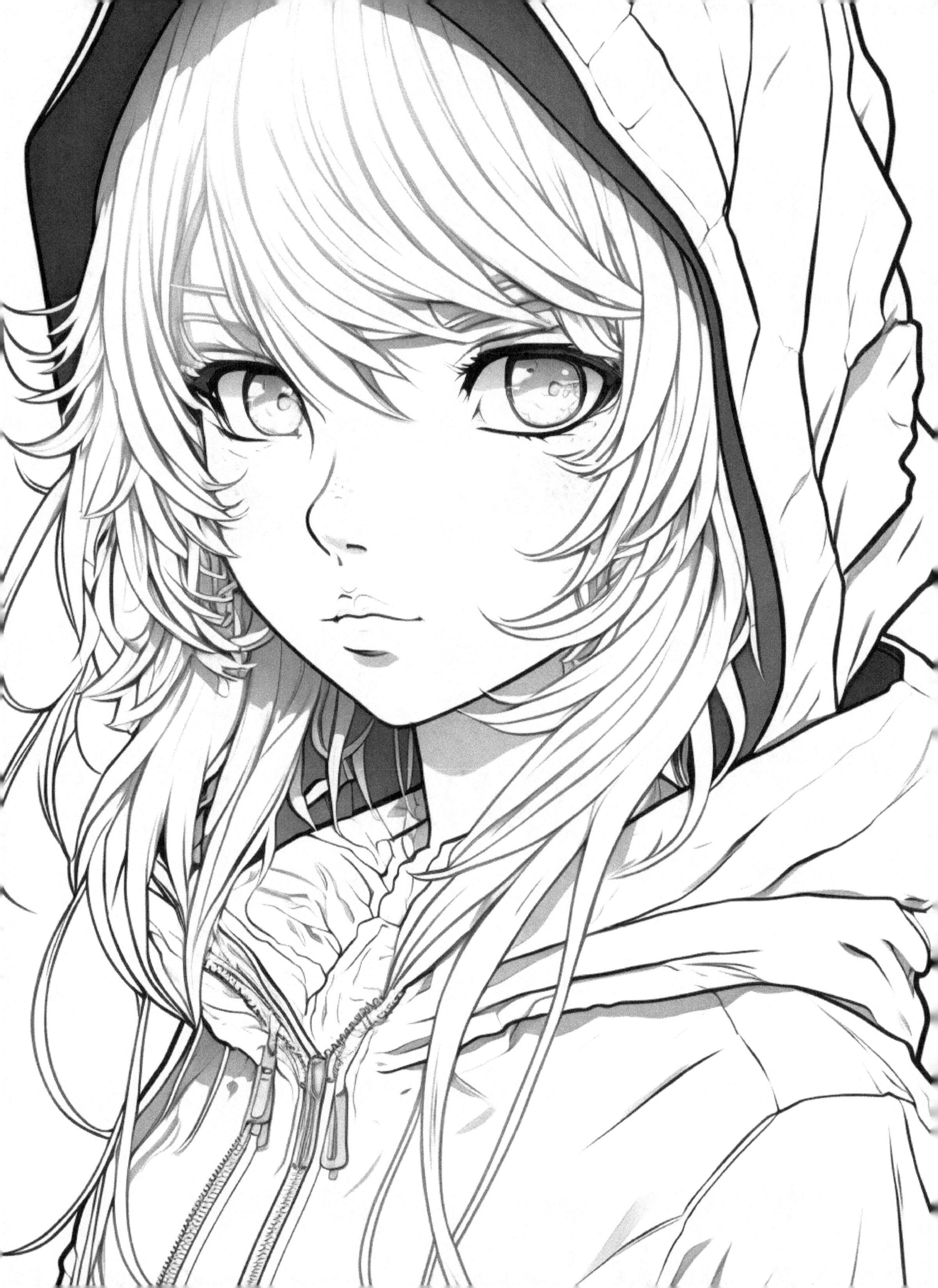

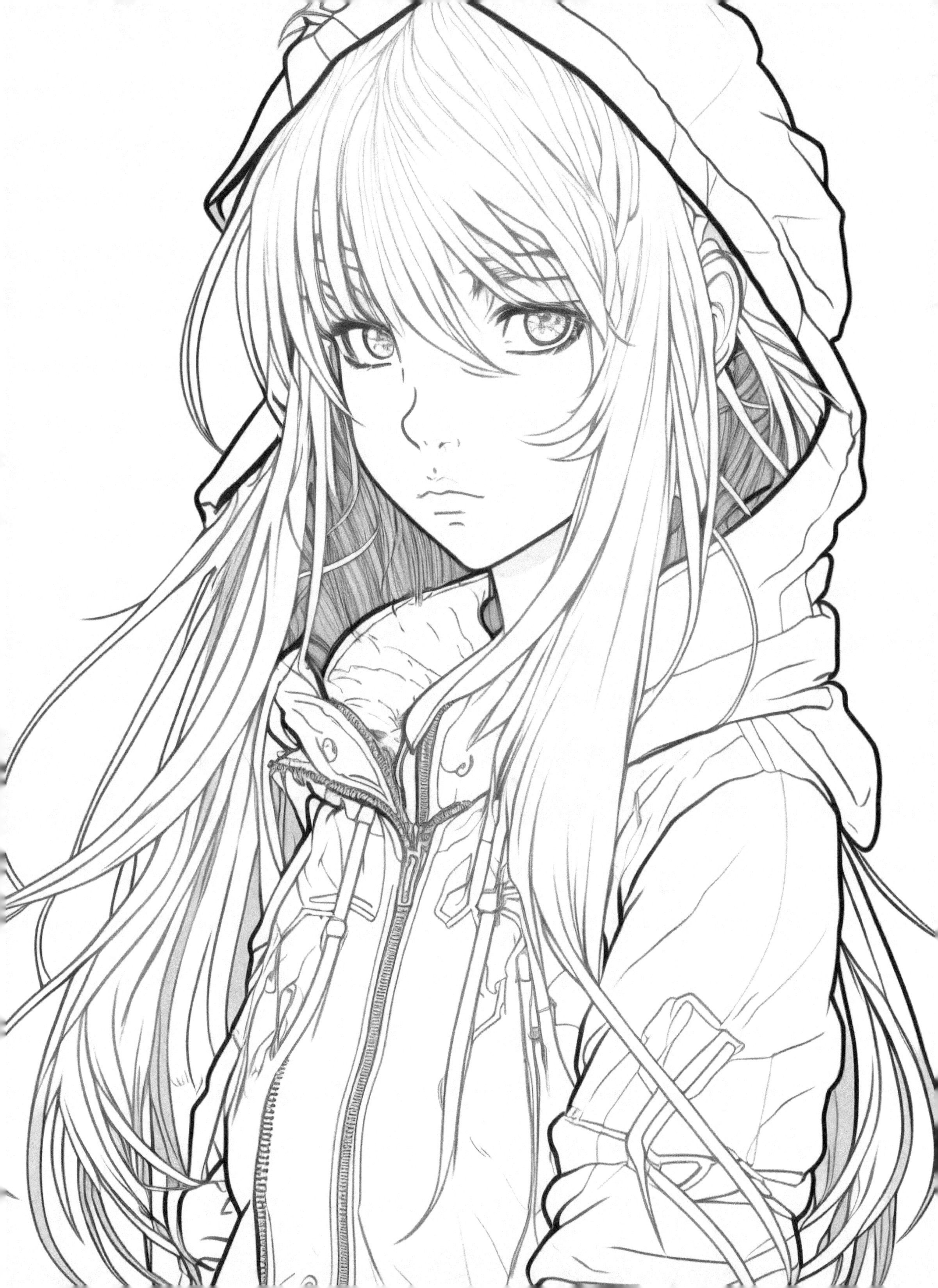

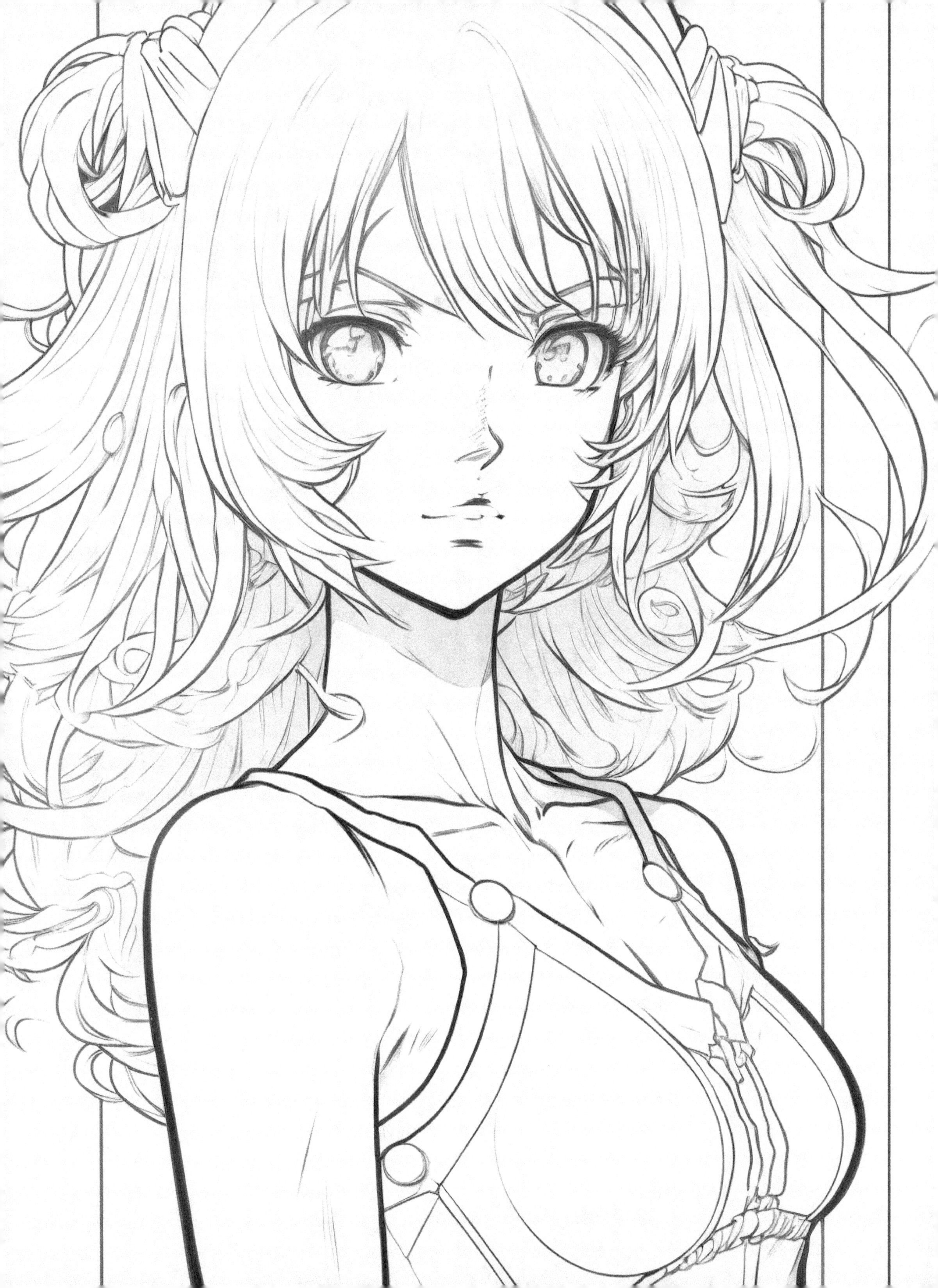

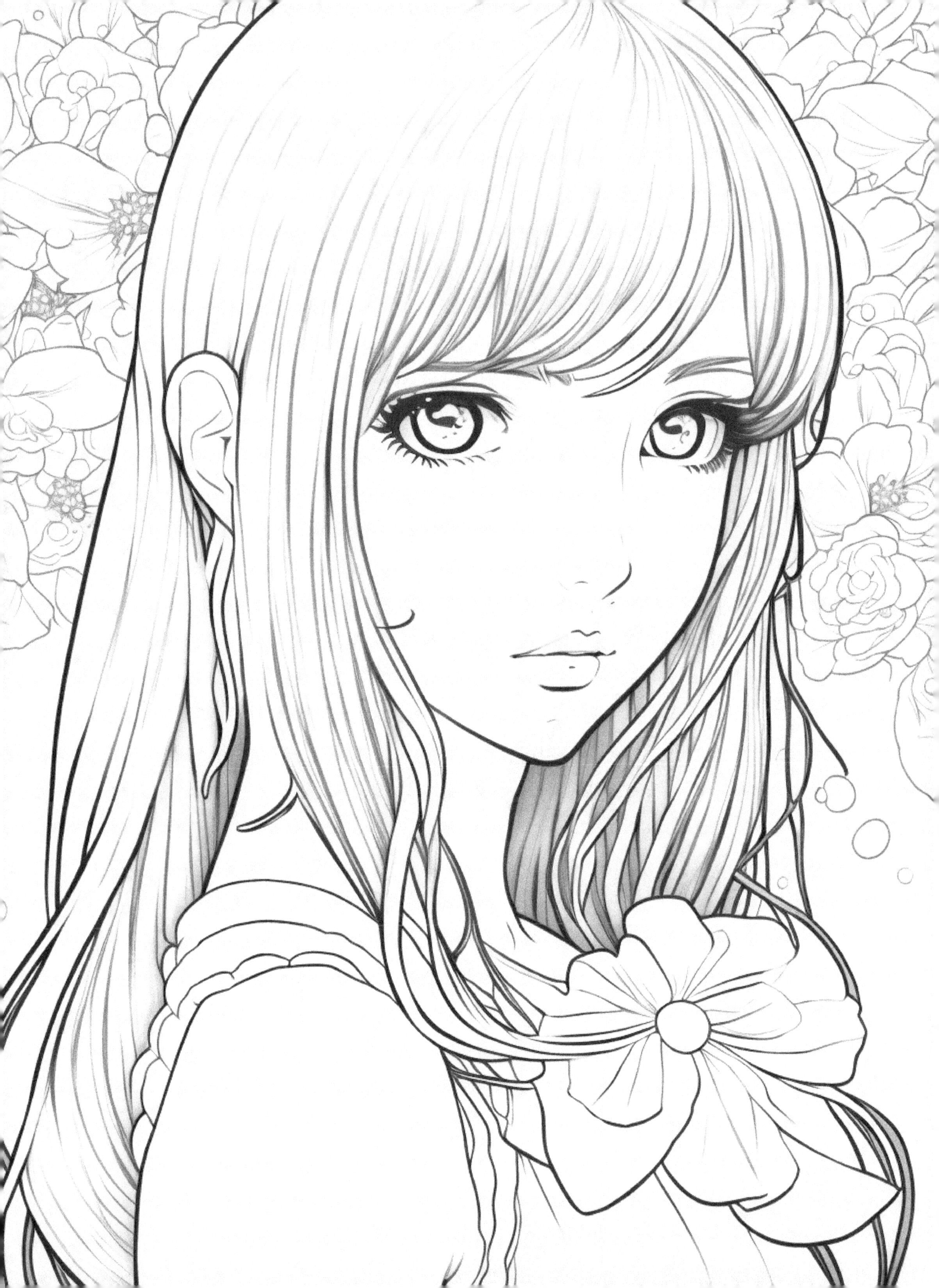

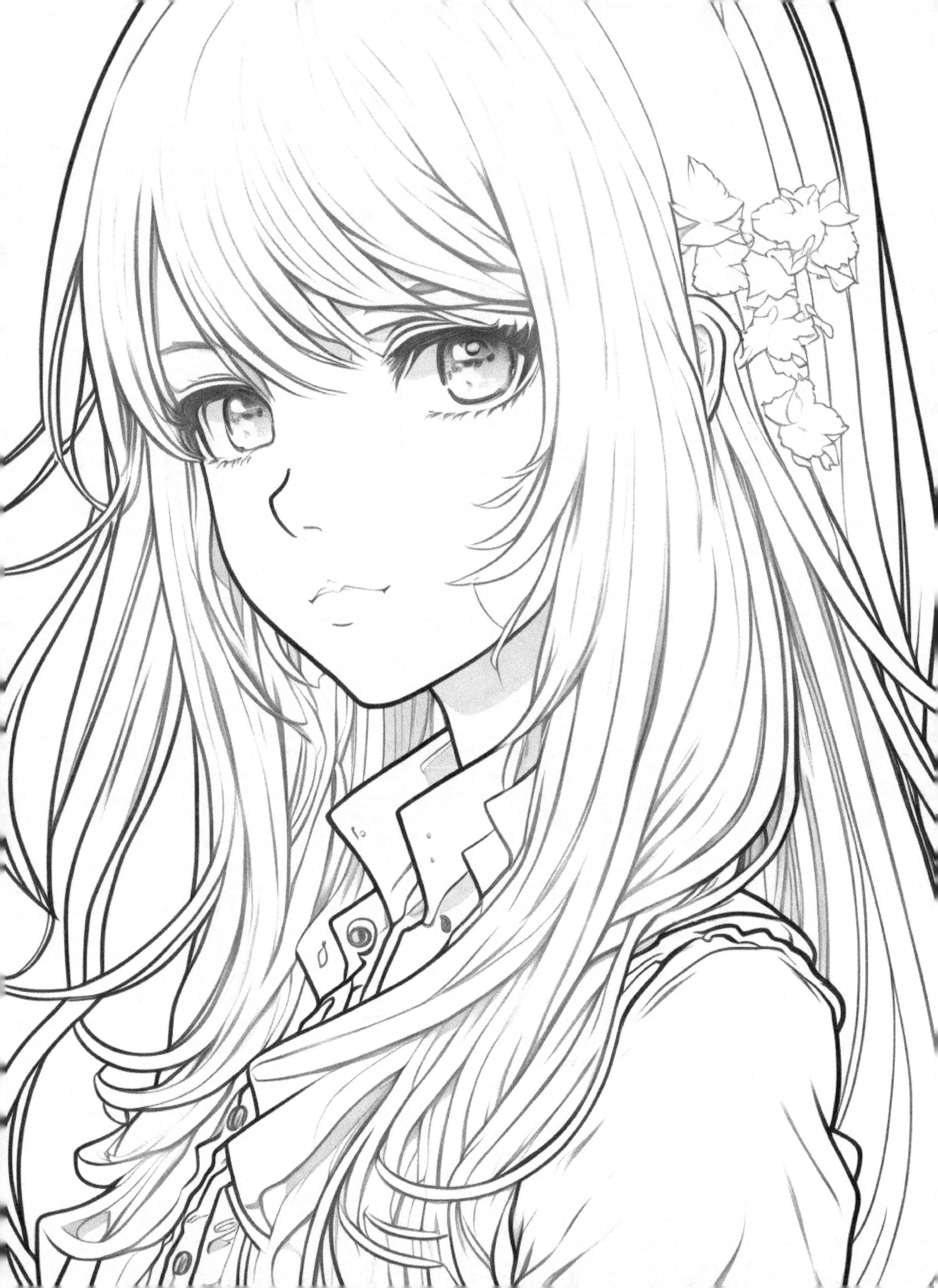

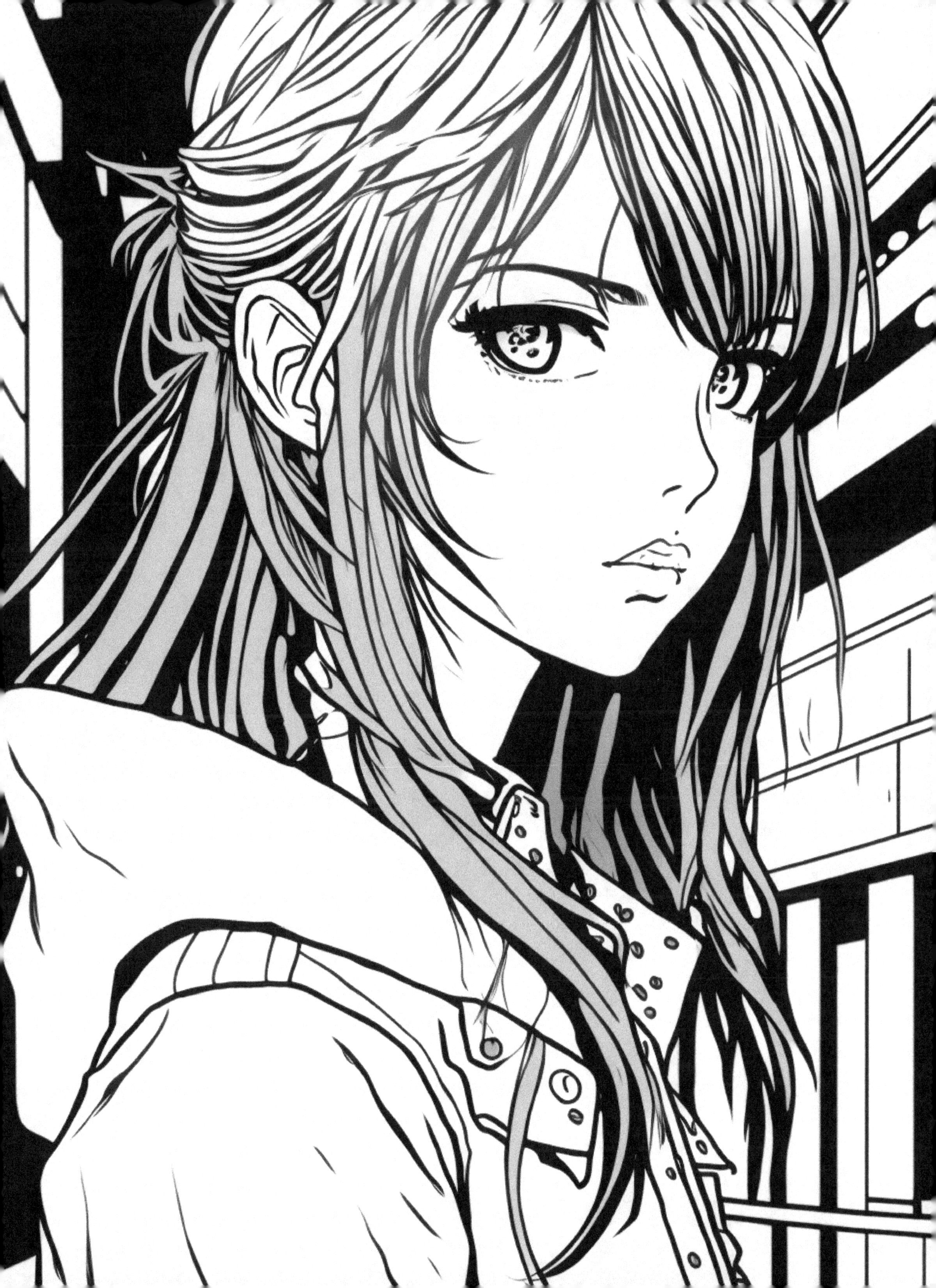

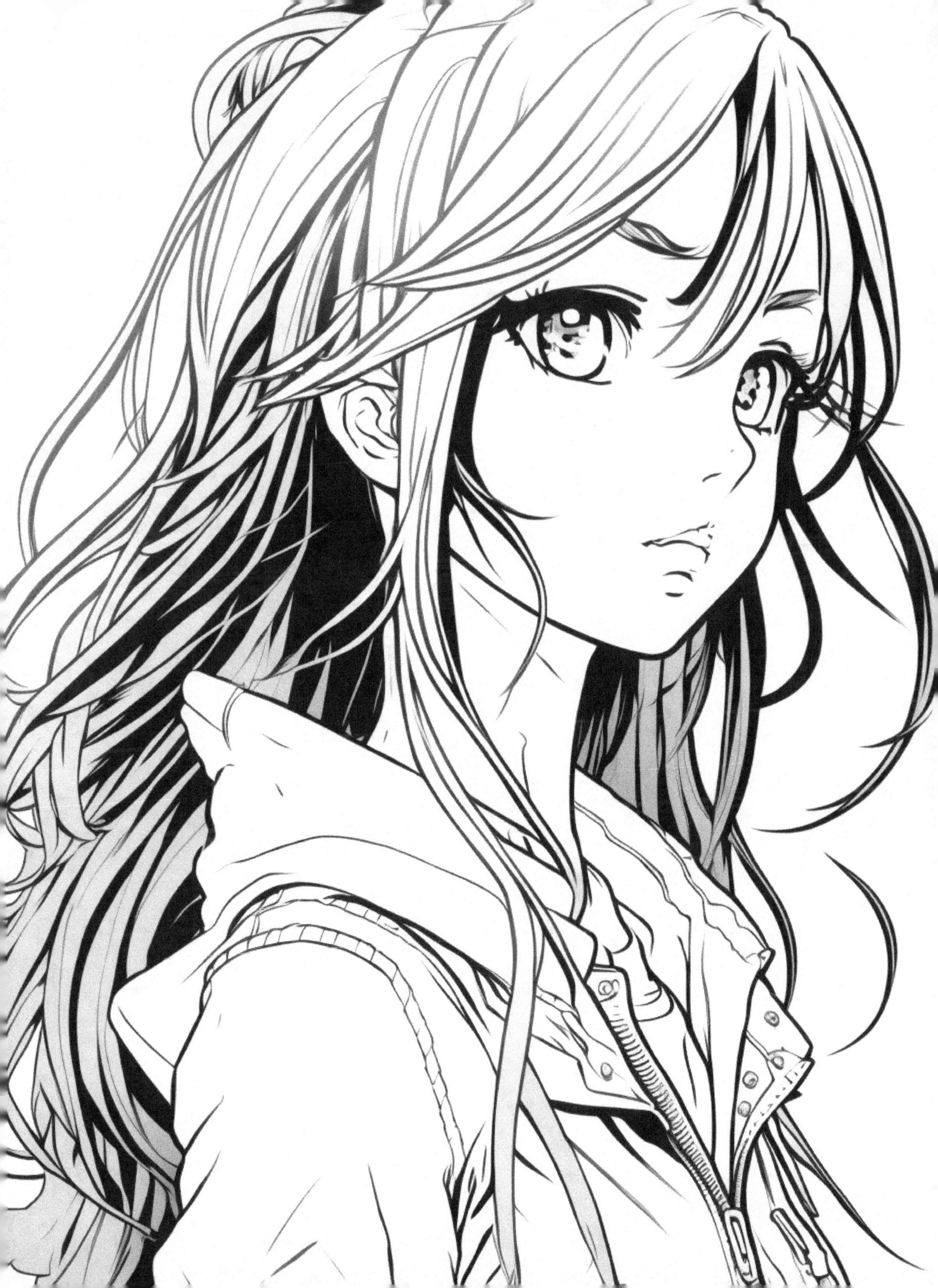

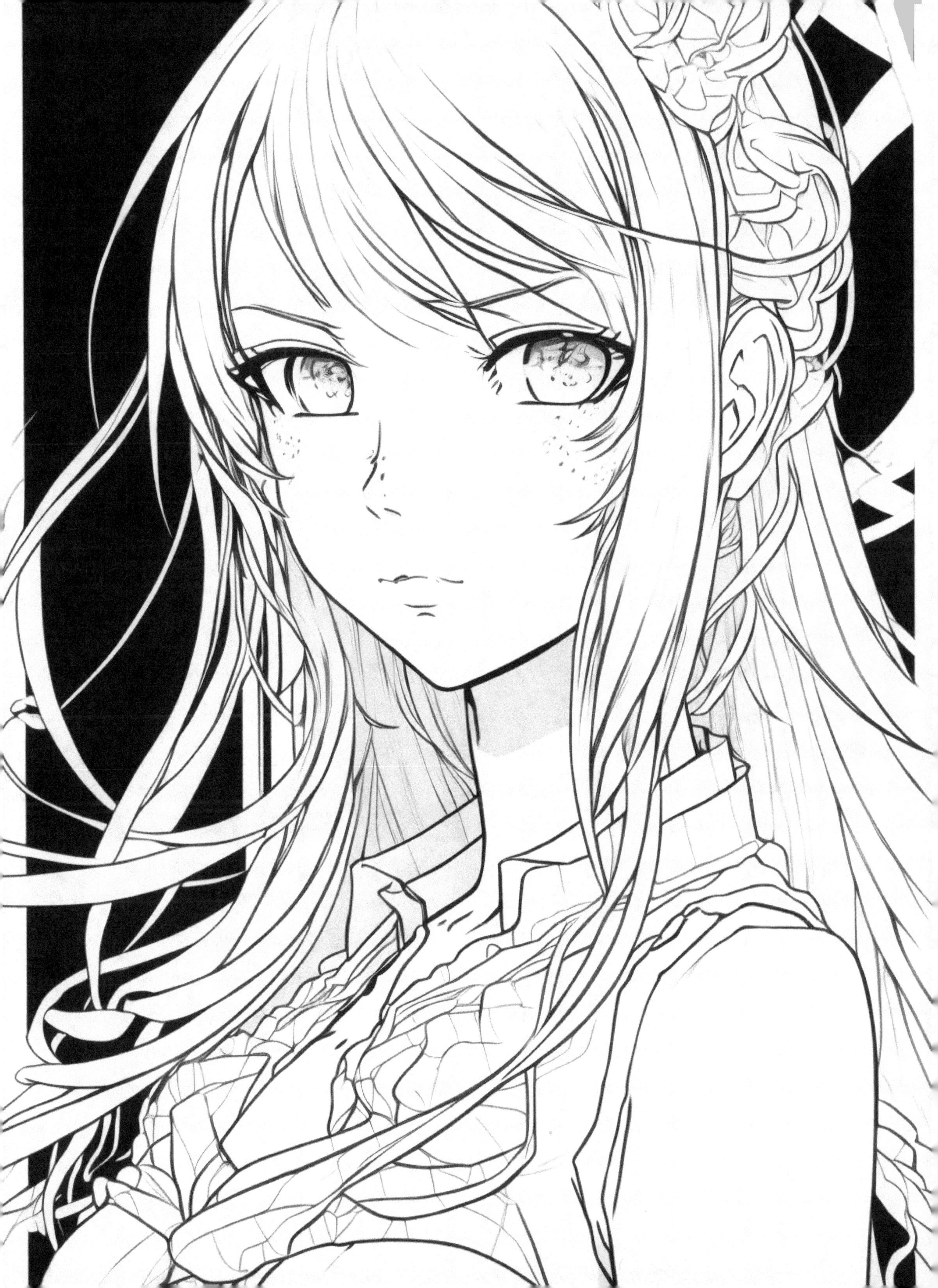

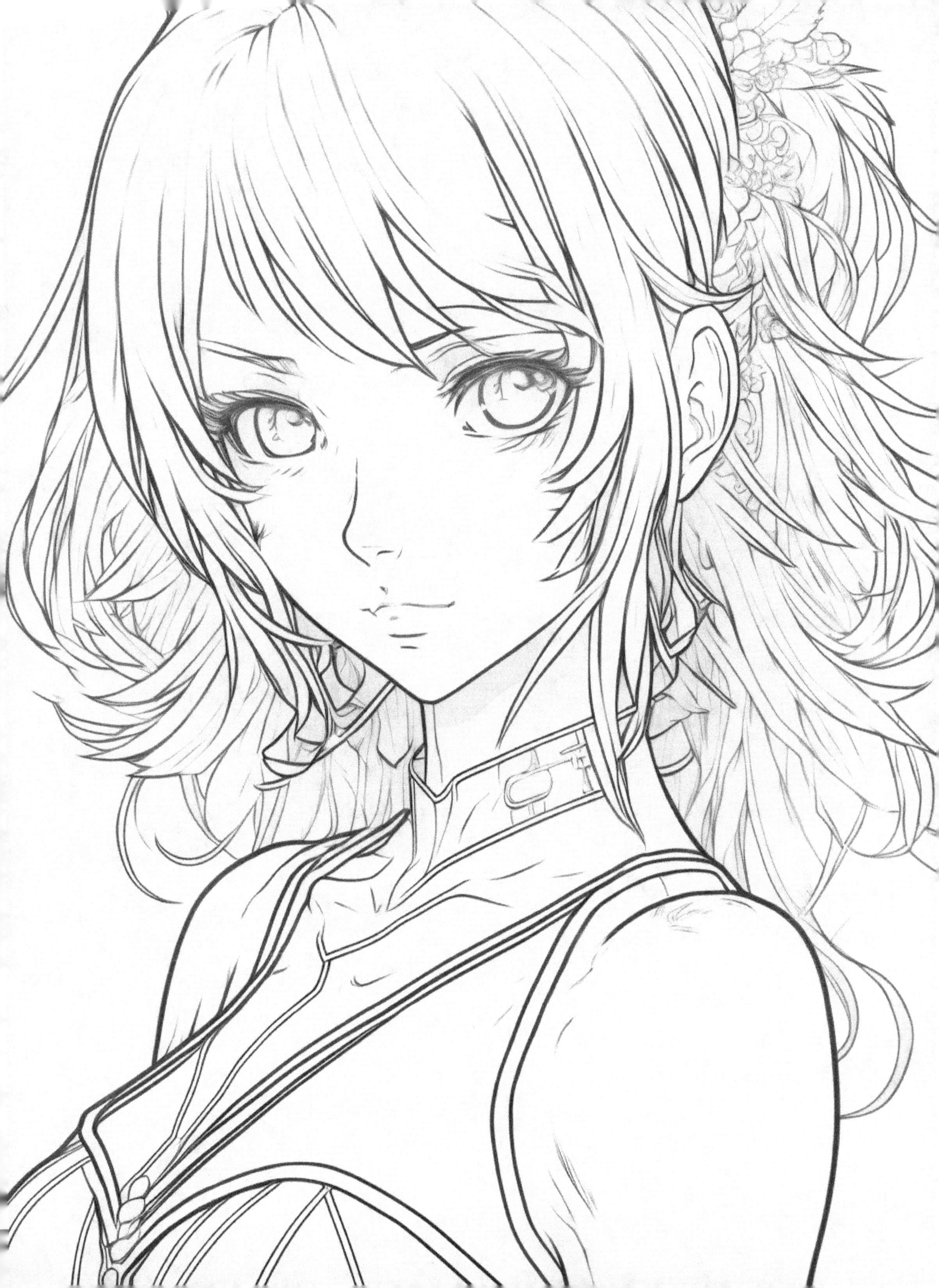

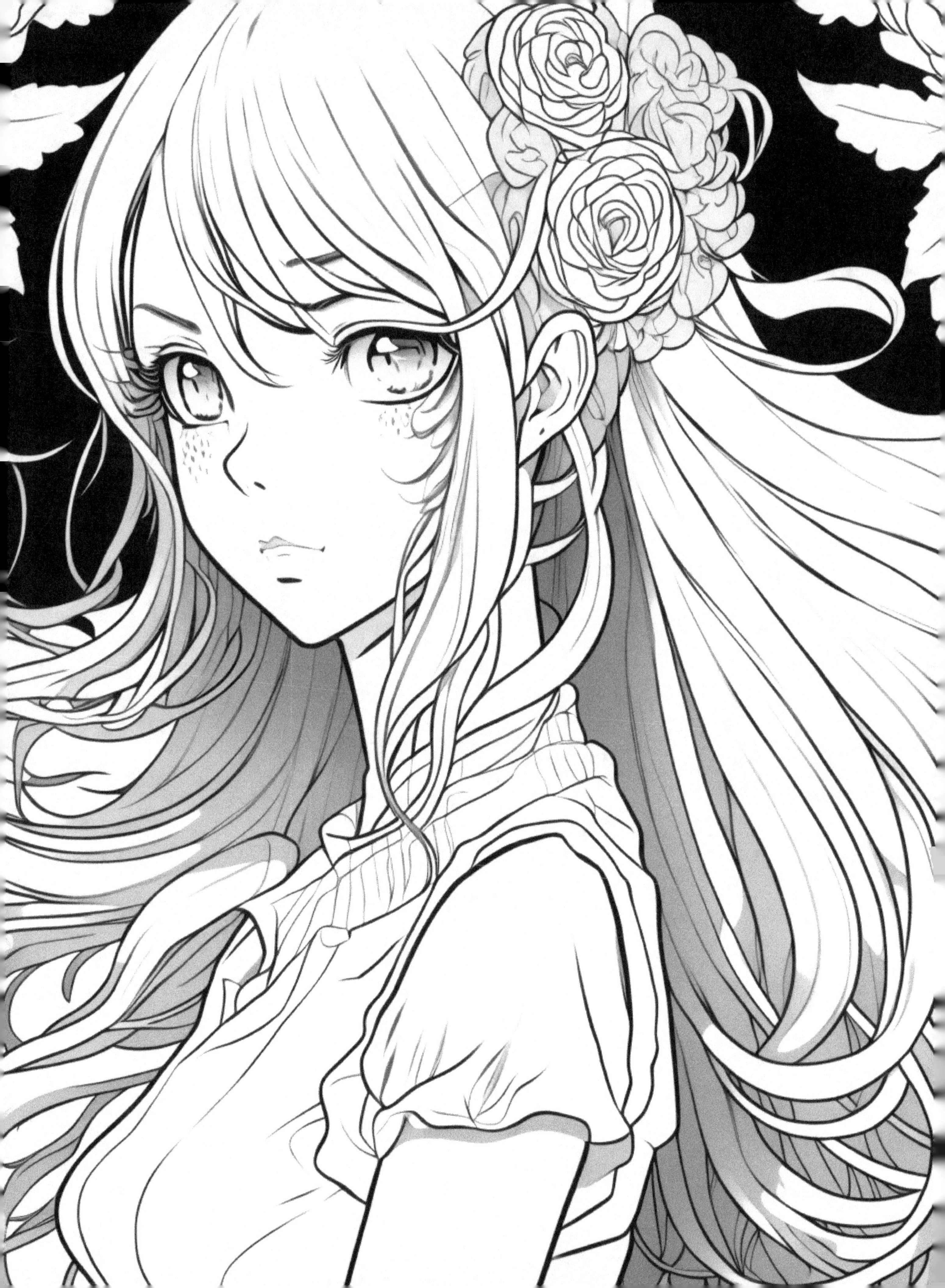

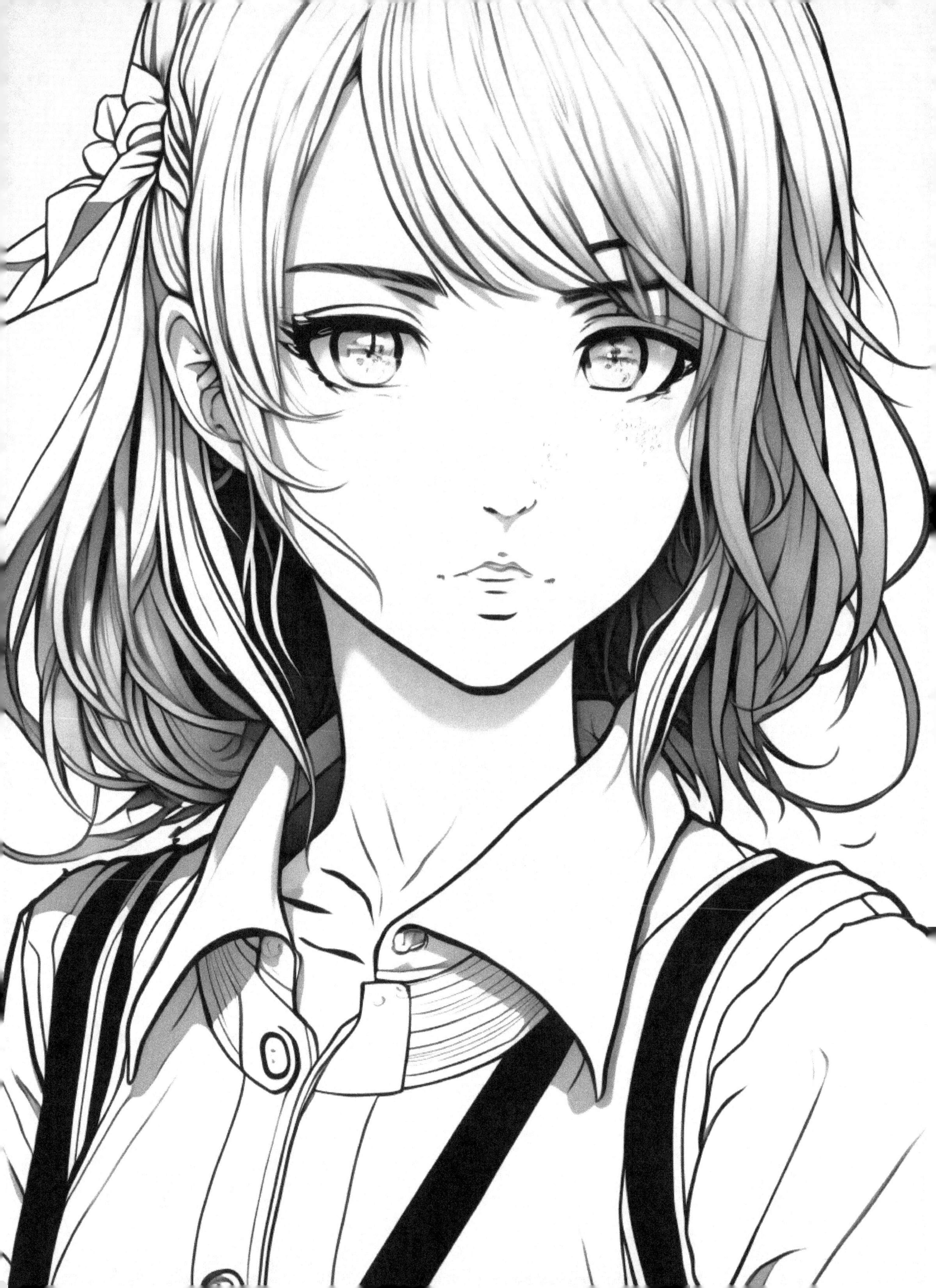

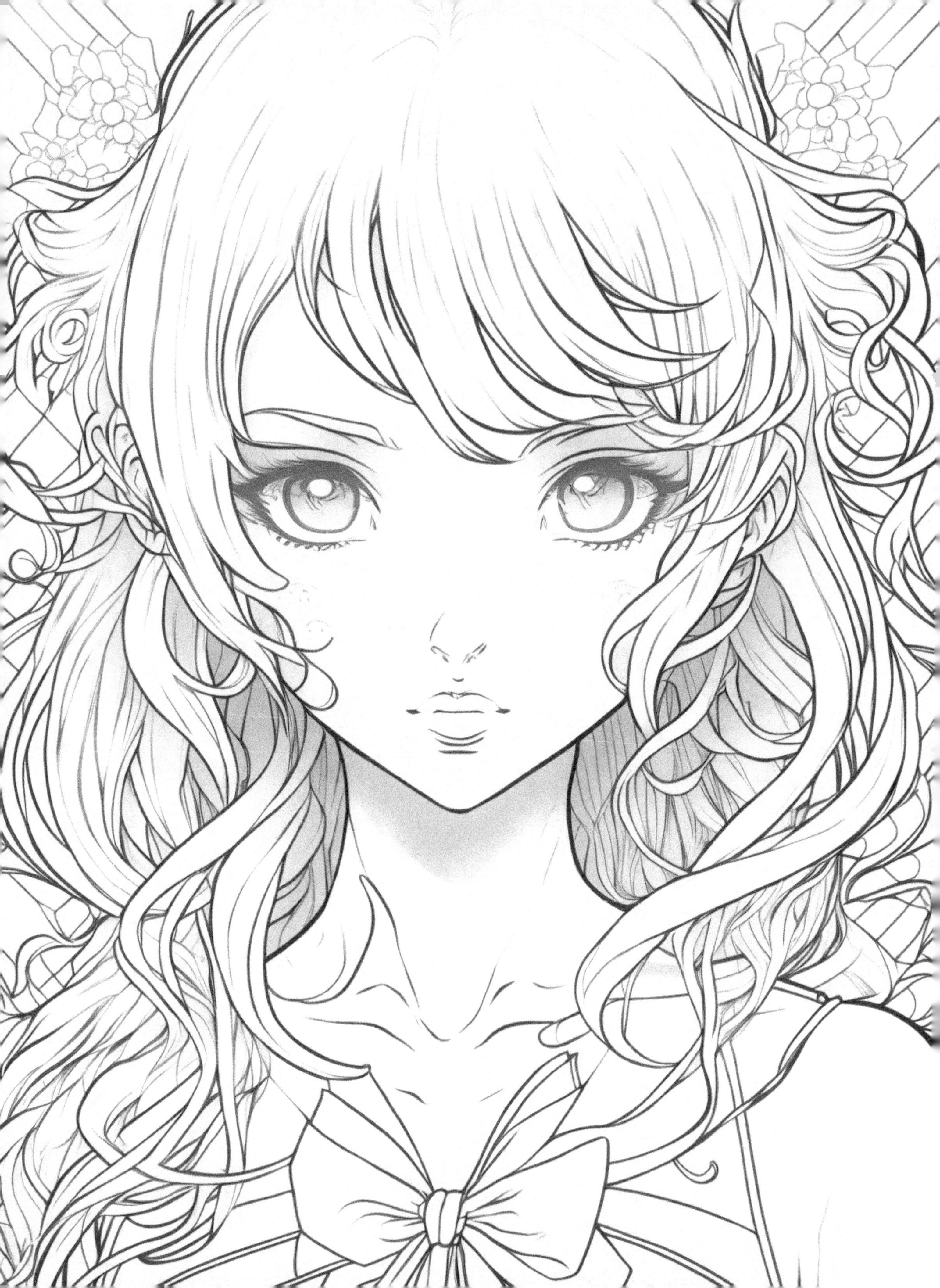

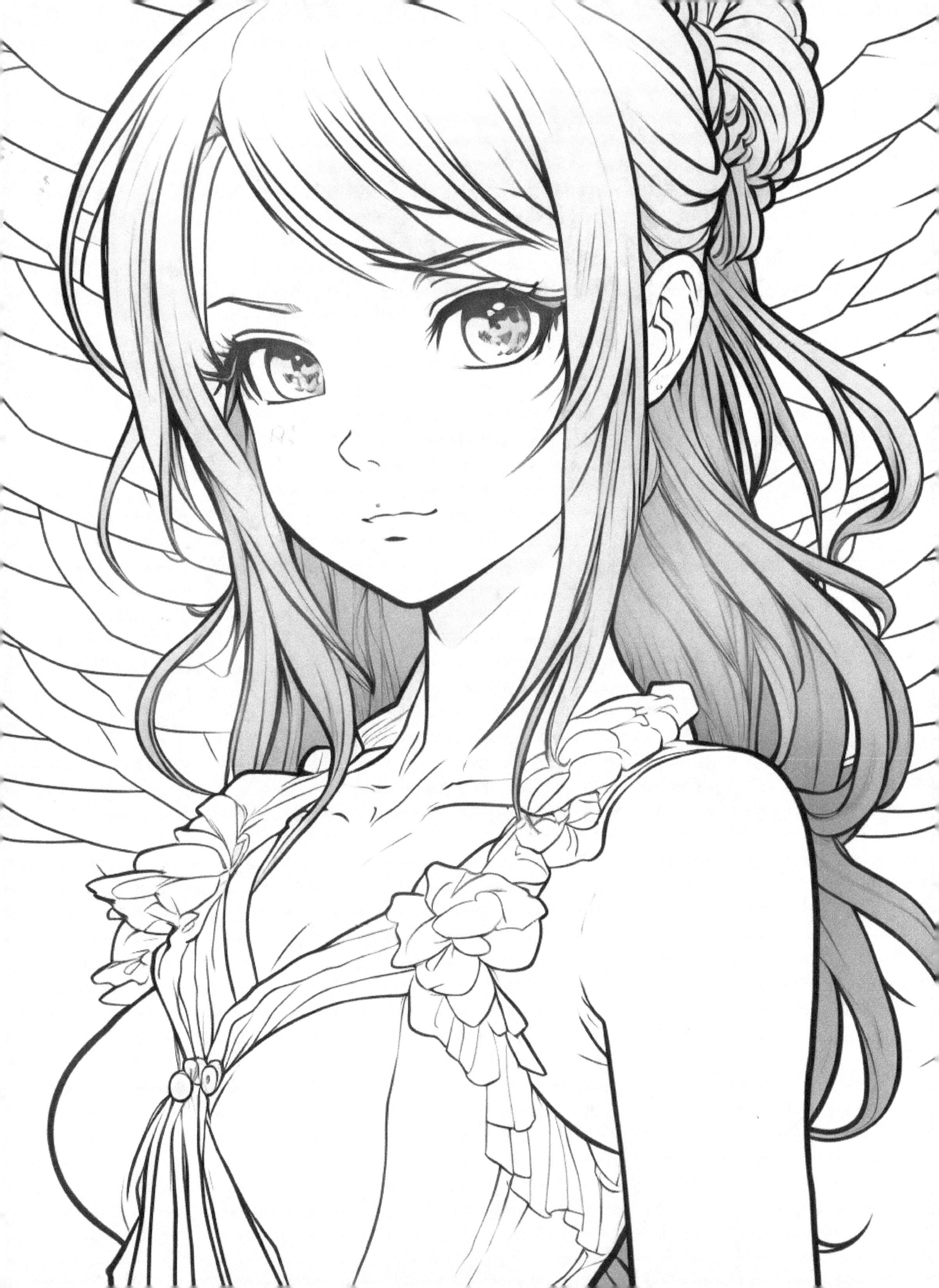

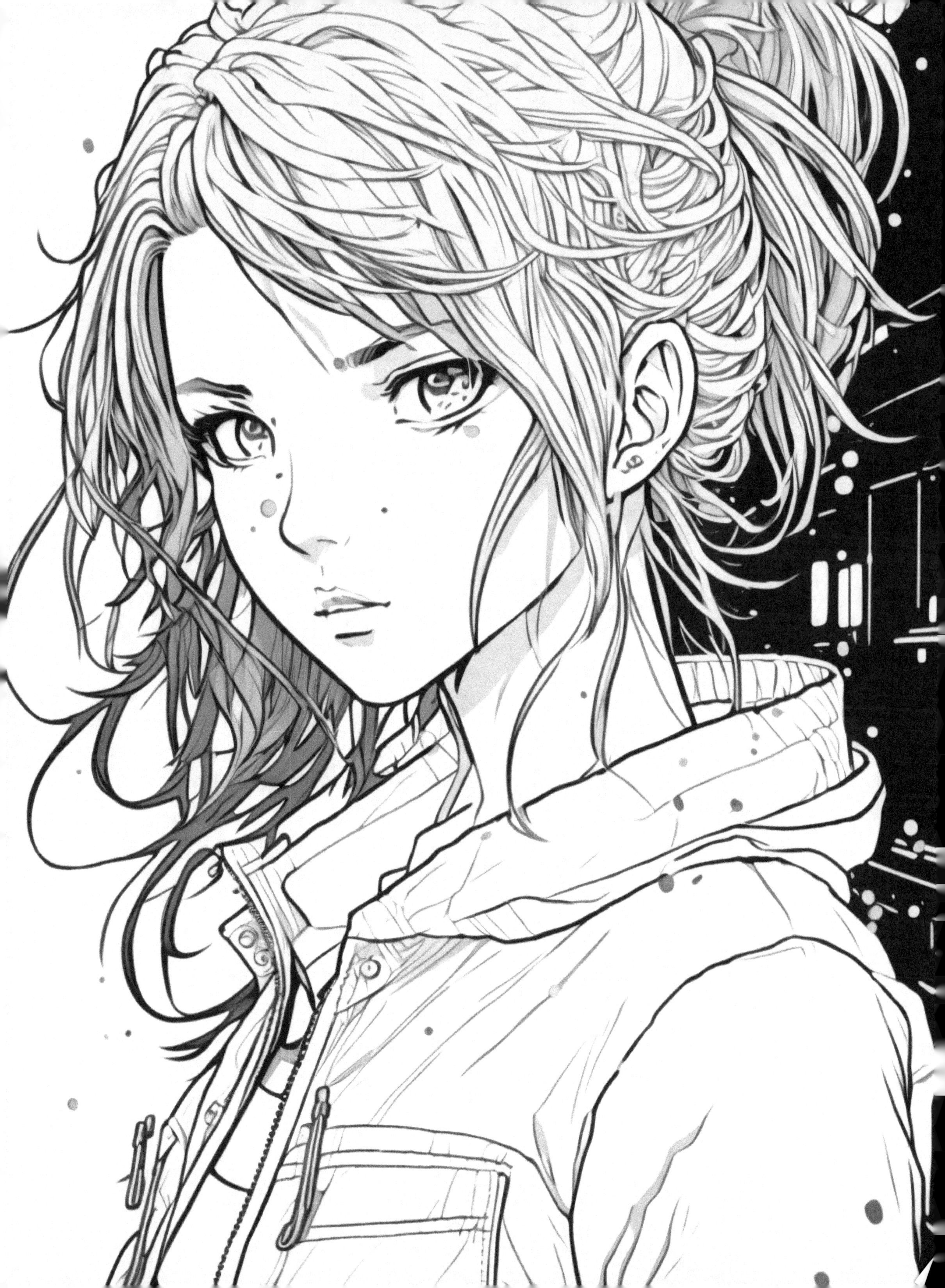

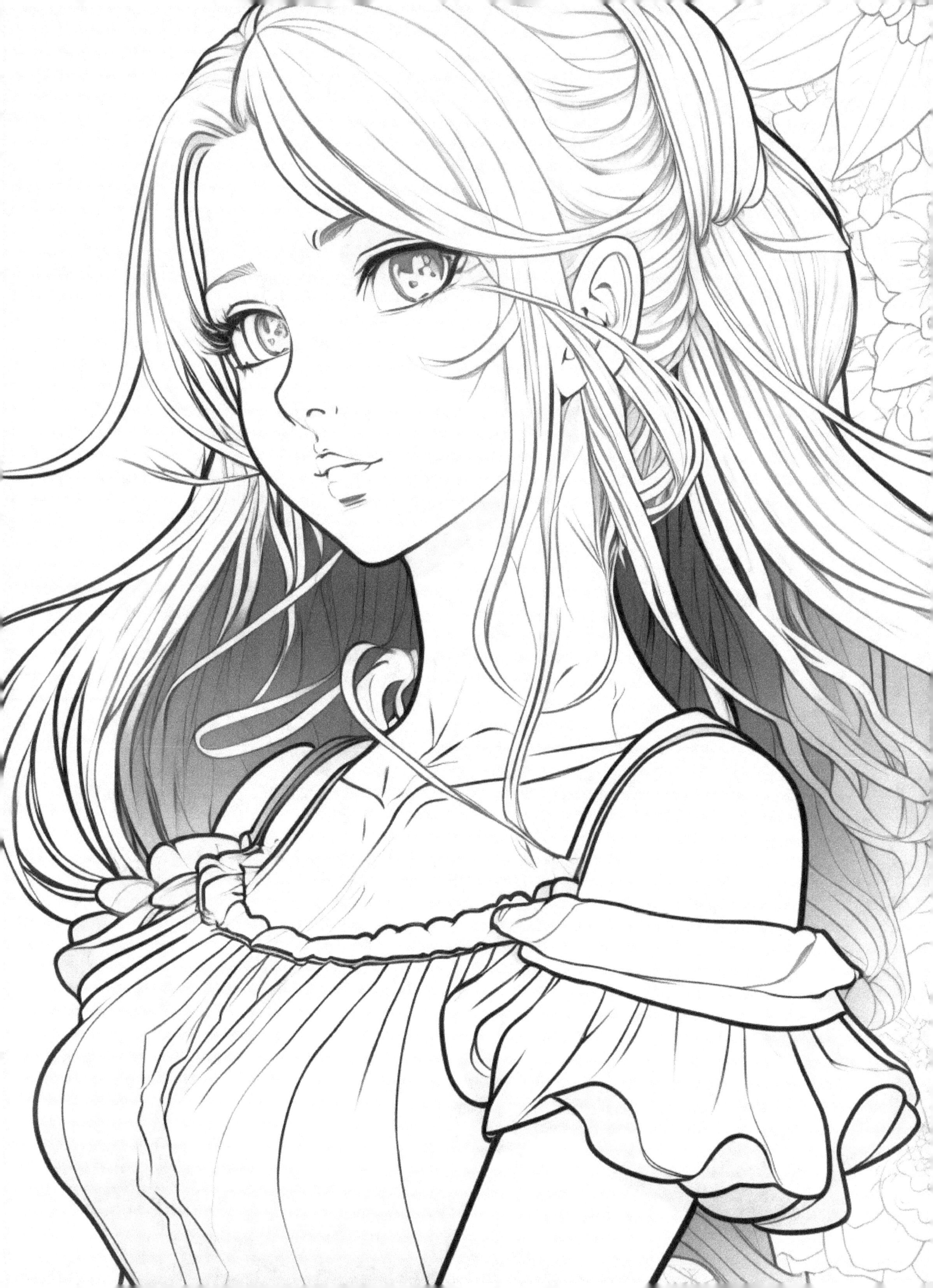

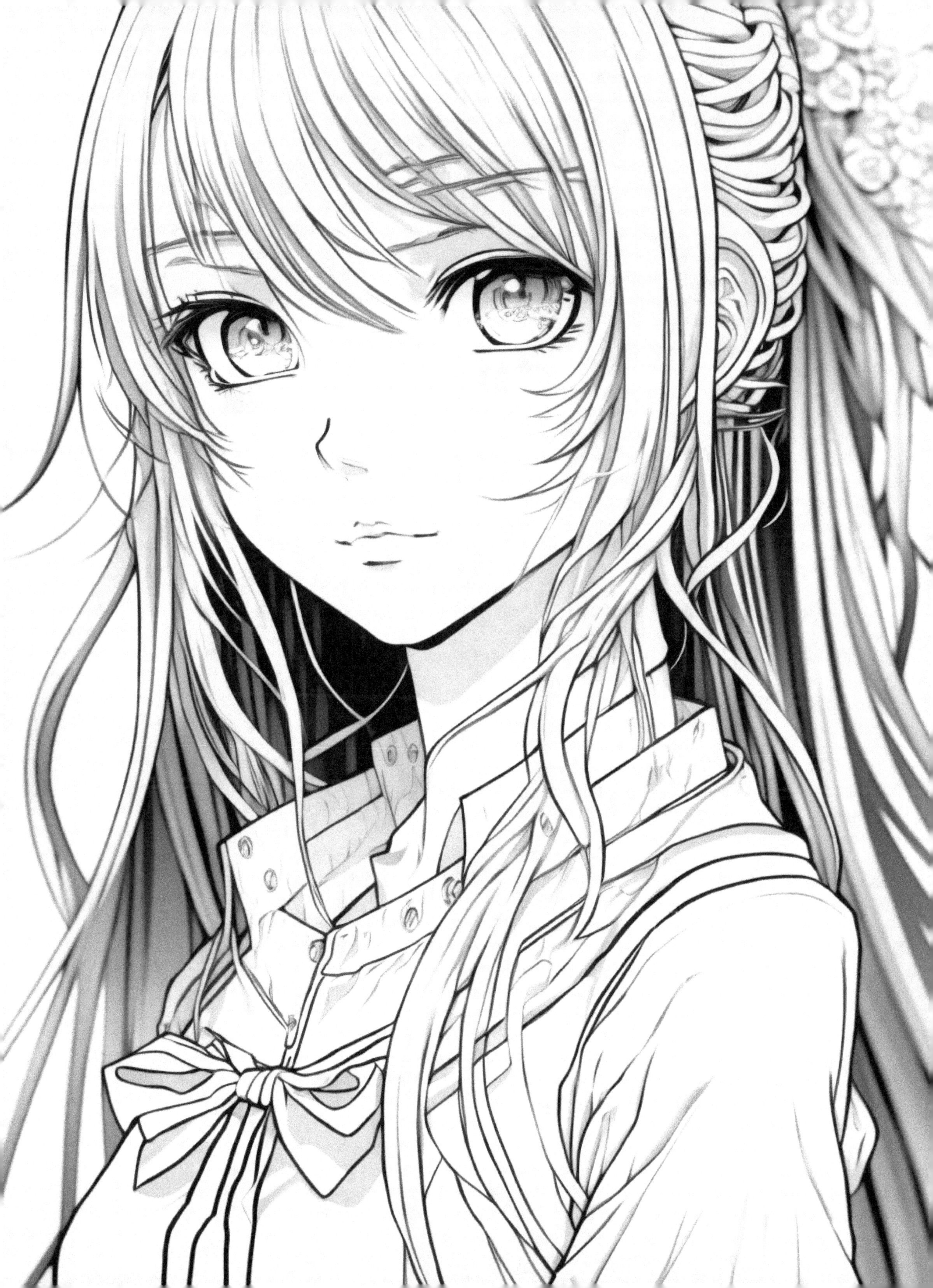

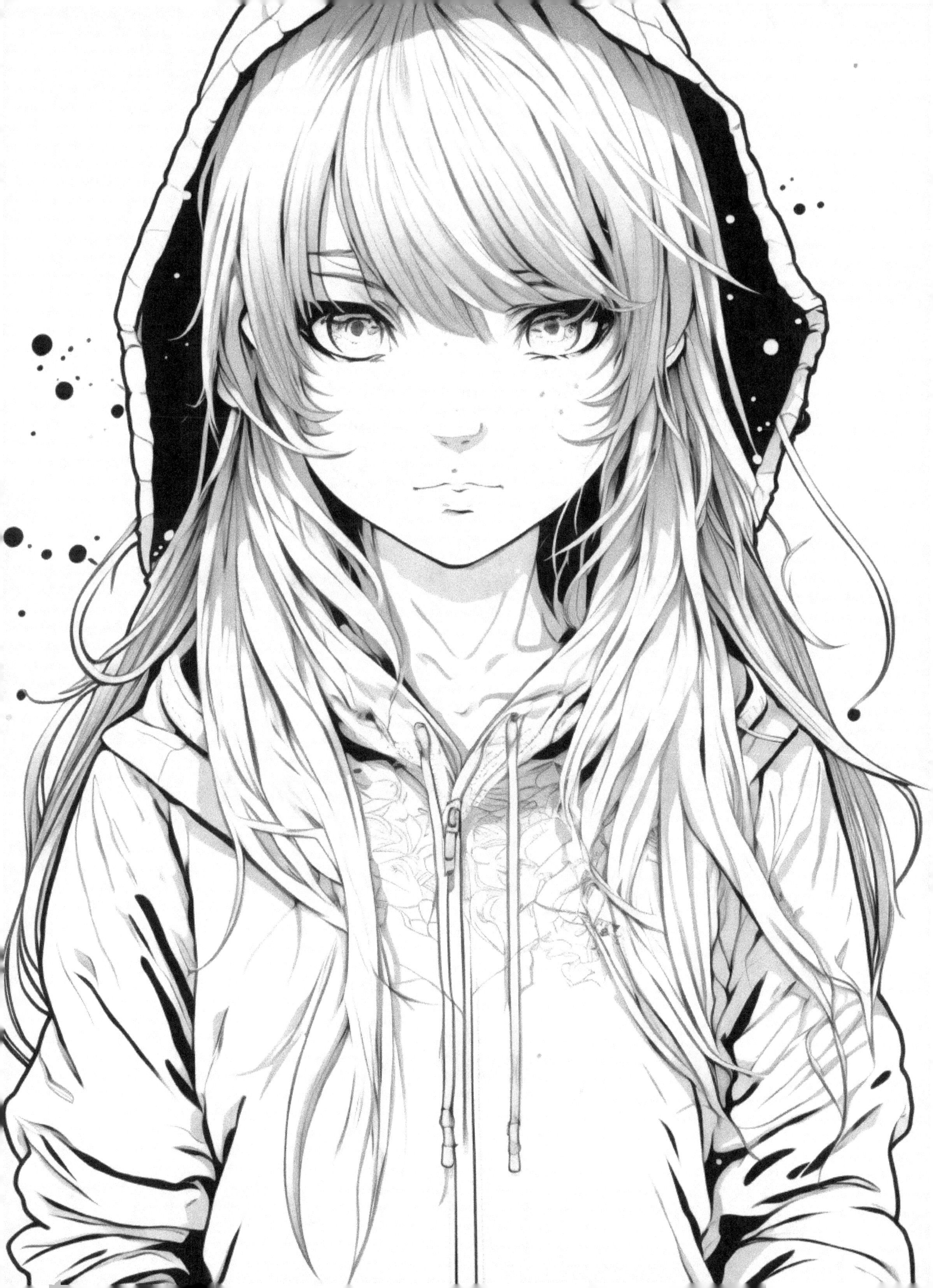

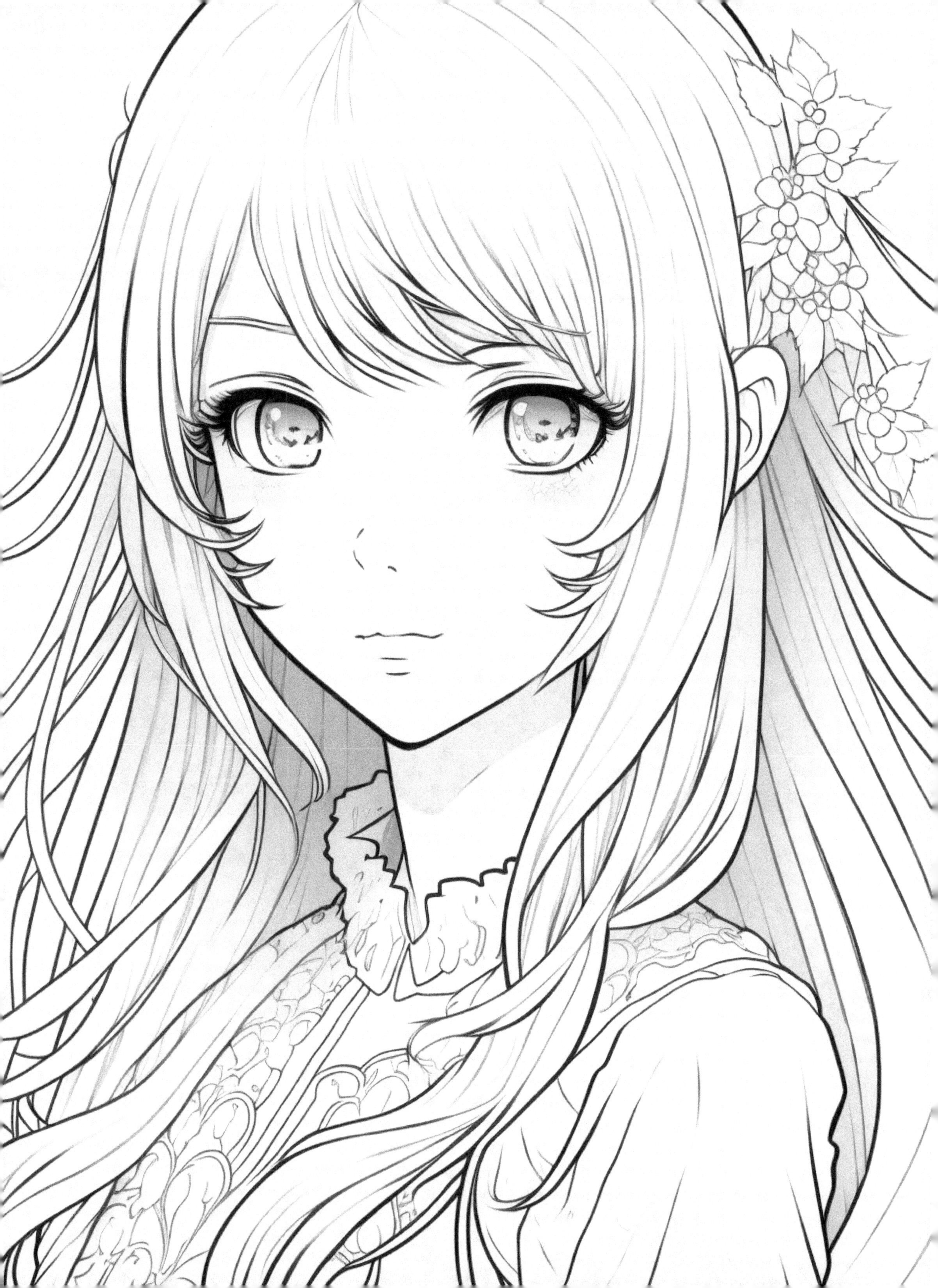

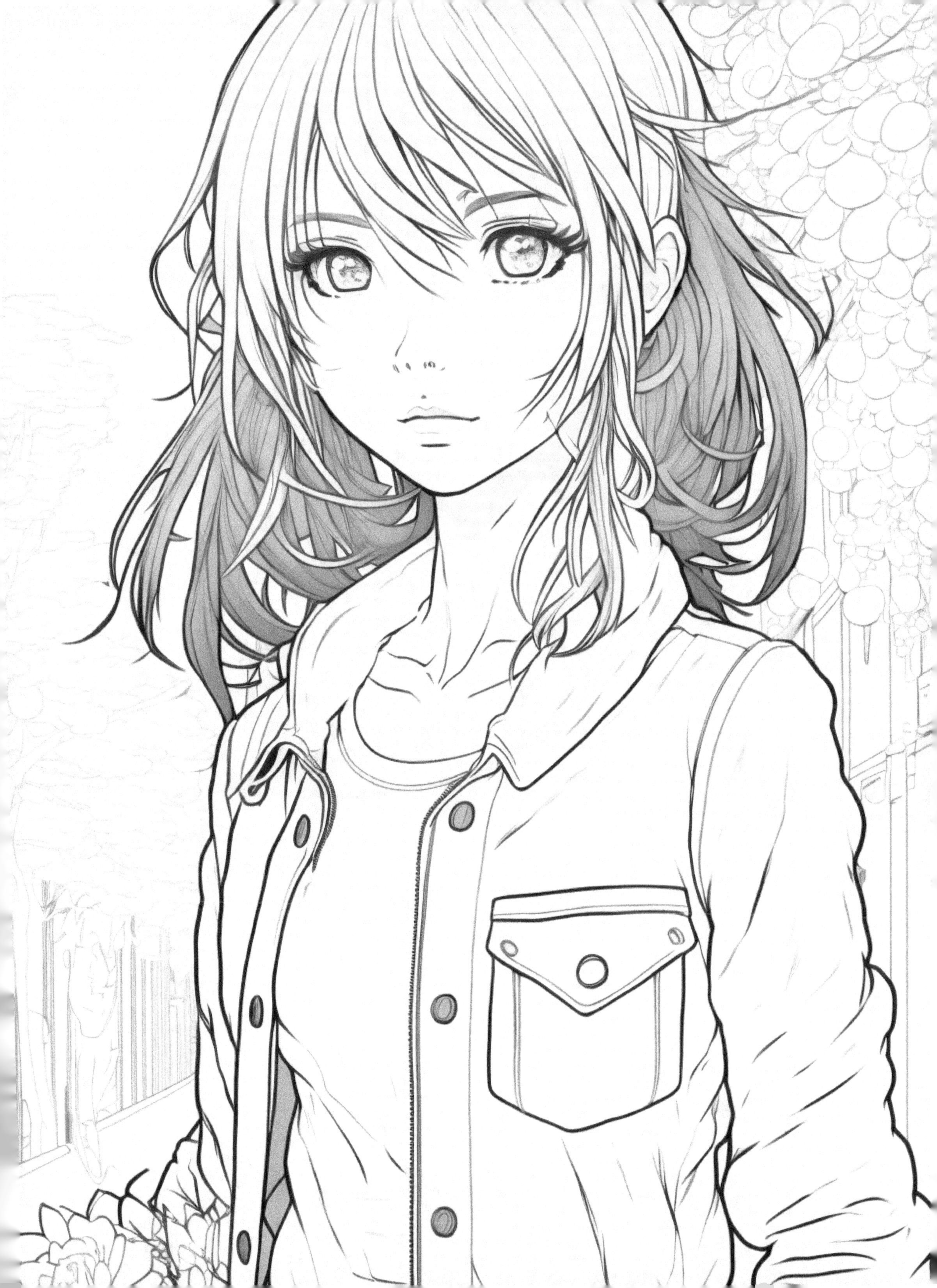

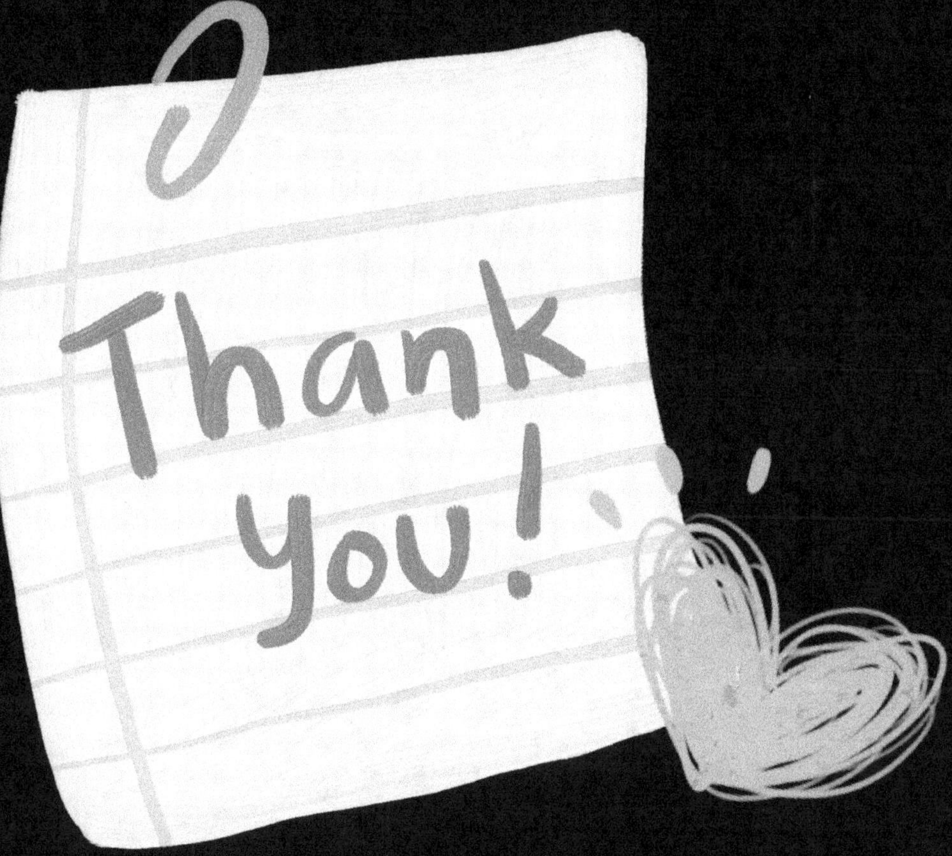

塗り絵 OSAKA NIGHTS

CAPI CAMP ESTUDIOS

www.ingramcontent.com/pod-product-compliance
Lightning Source LLC
Chambersburg PA
CBHW080914220526
45467CB00025BA/3160
* 9 7 9 8 3 9 0 0 3 7 4 6 1 *